潮汕文库·研究系列

汕头影踪

陈嘉顺 著

暨南大学出版社
JINAN UNIVERSITY PRESS

中国·广州

图书在版编目（CIP）数据

汕头影踪/陈嘉顺著.—广州：暨南大学出版社，2016.8（2024.9 重印）
（潮汕文库．研究系列）
ISBN 978 - 7 - 5668 - 1540 - 8

Ⅰ.①汕…　Ⅱ.①陈…　Ⅲ.①汕头市—地方史—1870—1980—摄影集
Ⅳ.①K296.53

中国版本图书馆 CIP 数据核字（2015）第 155573 号

汕头影踪
SHANTOU YINGZONG
著　者：陈嘉顺

出 版 人：阳　翼
项目统筹：黄圣英
责任编辑：冯　琳　吴筱颖　华文杰
责任校对：李林达
责任印制：周一丹　郑玉婷

出版发行：暨南大学出版社（511434）
电　　话：总编室（8620）31105261
　　　　　营销部（8620）37331682　37331689
传　　真：（8620）31105289（办公室）　37331684（营销部）
网　　址：http://www.jnupress.com
排　　版：广州市新晨文化发展有限公司
印　　刷：深圳市新联美术印刷有限公司
开　　本：787mm×1092mm　1/16
印　　张：15.25
字　　数：307 千
版　　次：2016 年 8 月第 1 版
印　　次：2024 年 9 月第 2 次
定　　价：68.00 元

总　序

　　潮汕文化历千年久远，底蕴渊深，泱泱广袤，又伴随着潮人的迁播而兼收并蓄，独树一帜，是中华文明中的重要一脉。

　　秦汉之前，潮汕囿于海角一隅，与中原殆少来往；自韩愈治潮，兴学重教，风气日开，人文渐著。宋朝文教兴盛，前七贤垂范乡邦；明朝人才辈出，后八贤称显于时。明清以来，粤东地区借毗邻大海的地理优势，与域外商贸频仍，以陶朱端木之业，成中西交汇之势，造就多元开放的文化格局。饶宗颐等学界巨匠引领风骚，李嘉诚等商海翘楚造福民生，俊采星驰，郁郁称盛。

　　而今国家稳步发展，蓬勃兴盛，潮汕地区凭借深厚的历史积淀，务实进取，努力发展传统文化及其产业，如潮剧、潮乐、潮菜、工夫茶、陶瓷、木雕、刺绣等，保持并革新精巧特色，在世界各地广泛传播，备受青睐。更有海外潮人遍布全球，为经济文化交流引桥导路，探索共赢模式，拓宽发展空间。

　　为促进潮汕文化的传承与创新，进一步推动潮汕文化"走出去"，在广东省委宣传部的大力支持下，海内外学者编写《潮汕文库》大型丛书。本丛书包括文献系列和研究系列，涉及历史、文学、方言、民俗、曲艺、建筑、工艺美术等多方面，囊括影印、笺注、点校、碑铭、图文集、口述史等多种形式，始终秉承整理、抢救传统文化的原则，尊重潮汕地区的家学渊源和治学传统。以一腔丹心，在历史沿袭中为文化存证，修旧如旧，求新而不媚俗于新；以一笔质朴，在字斟句酌中为品质立言，就事论事，求全而不迷失于全；以一纸恳切，在纷扰喧嚣中为细节加冕，群策群力，求深而不盲目于深。惟愿以此丛书，提升潮汕文化品位，凝聚海内外潮人，齐心发展，助力腾飞。

在成书过程中，广东省委宣传部高度重视，协调汕头、潮州、揭阳、汕尾市委宣传部，委托潮汕历史文化研究中心、韩山师范学院、暨南大学出版社组织编写与出版。海内外潮学研究专家倾注笔墨，潮汕历史文献收藏机构及热心人士鼎力襄助，更蒙粤东籍一批著名艺术家慷慨捐赠宝贵书画作品助力出版，在此一并致谢！

《潮汕文库》大型丛书编委会

2016 年 7 月

汕头影踪

序一 百载商埠卧游记

乙未秋月，嘉顺兄《汕头影踪》行将付梓，嘱余撰序弁其卷端。余固辞未果，爰乘缘而卧游百载商埠，聊撰芜辞于次，以应其请。

迩年以来，坊间图文版书籍甚为风行。论者目之为科技进步产物，称当世为读图时代、图像社会或视觉文化时代。

然按诸文字之学，汉字实源自图像，故《〈说文解字〉叙》云："仓颉之初作书，盖依类象形，故谓之文。其后形声相益，即谓之字。"稽诸古昔之籍，图像犹视为中华文明滥觞，故《易·系辞》云："河出图，洛出书，圣人则之。"至若方舆地志之籍，则有图经、图志、图记之类图文版方志，昉自东汉，盛于隋唐北宋，迄乎有明一代，风行域内。是则中华文明血脉，中国史学传统，莫不离乎"左图右书"（或曰"左图右史"）之风。

至于潮学研究领域中"左图右书"类文献，管见所及，当推饶公 1947 年汕头版《潮州先贤像传》为发轫。迨至 2000 年以后，具有潮汕图经、汕头图经性质的书籍络绎问世，蔚然大观：

陈历明、赵春晨《潮汕百年履痕：近代潮汕文化与社会变迁图录》，2001 年由花城出版社出版；

方烈文《汕头城市山水》，2003 年由香港天马图书有限公司出版；

中共汕头市委党史研究室、汕头市地方志办公室、汕头市文物管理委员会办公室《汕头史迹要览》，2004 年由海天出版社出版；

陈汉初、陈杨平《汕头埠图说》，2009 年由中国文史出版社出版；

陈传忠《汕头旧影》，2011 年由新加坡潮州八邑会馆出版。

上述诸书，均图文并茂，各有长处。譬如，《潮汕百年履痕：近代潮汕文化与社会变迁图录》《汕头埠图说》，以其涵盖面广阔而取胜；《汕头旧影》以老照片宏富、珍贵而见长。

《汕头影踪》是上述文献链条中之后出者，编纂者陈嘉顺兄显然有意在前人基础上有所创发。嘉顺兄先后师从潮汕艺术界耆宿蔡仰颜先生习书画兼研地方美术史，师从江西师范大学梁洪生教授治社会生活史，亲近善知识而颇窥治学门径，翩然有"东壁图书府，西园翰墨林"之素养。

《汕头影踪》体例、篇目略仿余与嘉顺兄合编《潮汕民间艺术——工艺卷》一书（汕头大学出版社 2013 年版），体例取图文版史话体裁，以求图文相生；篇目作四言章目，七言文题，以求形式整饬。全书分"往事悠悠""交通运输""宗教信仰""文教事业""民间工艺""岁月峥嵘"六章，结构尤见简约而赅要。内文所选配汕头埠老照片，或域外舶来之物，或藏家珍赏之品，或旧籍所载插图，或摄者自藏作品，不乏此前鲜见或未见之旧影。尤其值得指出的是，在笔法上，嘉顺兄以社会生活史研究者的学术立足点，为读者娓娓叙说百载商埠世态之形形色色故事，作品饶具雅俗共赏的阅读趣味。读者一卷在手，卧游如梦如幻的百载汕埠，既可于字里行间缔结翰墨因缘，又可于珍贵旧影中得享烟云供养，岂不快哉！

后之视今，犹今之视昔。今日汕头，已非昔日汕头；后日汕头，不知视今何如？读者诸君抚卷之余，不知作何感想？

陈景熙

乙未清和月于鹭江尘寄斋

序二　一幅壮丽且不可忽视的汕头埠画卷

《汕头影踪》一书，是嘉顺兄历时十年的心血结晶。

在潮汕文化研究中，对于汕头城市老照片的研究还是一株学术幼苗，新近才受到研究者关注。而此著的问世，无疑填补了这方面之空白，为今后潮汕文化的研究与创新夯实了基础。可以说，这是一部集现实性、实践性、操作性、指向性和学术性于一身的重要著作。

本书结构缜密，分六个专题进行探究，论述稳健，体系完整。

第一章"往事悠悠"，从汕头历史上最早的老照片开始详细写起，讲述一百多年来汕头诸多方面的历史变迁等；第二章"交通运输"，论述了汕头作为通商港口的车、船、桥等立体交通格局；第三章"宗教信仰"，论述了多种宗教的传播发展等；第四章"文教事业"，讲述的是汕头文化、教育方面老照片的故事；第五章"民间工艺"，论述了汕头多项民间工艺的特征、构成、作用及功能；第六章"岁月峥嵘"，阐述了辛亥革命、汕头解放、"八六"海战等多件汕头重要史实。由此看，此著不仅结构完善、体系严谨，而且内容丰富、论述全面，展现了一幅汕头城市发展的立体画卷，彰显了汕头作为华南通商口岸的特色和时代特征，梳理、凝炼了汕头城市文化的特质与特征。

本书最大的特点是总揽全局，宏观之中又见微，史论结合，理论与实践对接，使本书具有宝贵的史料性和严谨的学术性。正如作者所说，每一篇解读文章，既是对汕头历史的回眸与思考，又是对海内外潮汕人物质与精神生活的理解与诠释。

我认为此书有以下三方面的新意：

第一是体系比较新颖，通过老照片，系统地研究了汕头城市的物质文化、精神文化、行为文化与形象文化。全书的逻辑结构整合了汕头城市的文化资源和实践知识，层次清晰、主次明确，的确给人耳目一新的感觉。

第二是观点新颖，作者在把握老照片与社会生活的概念、描述其内涵、提炼其精神传承的基础上，总结其发展规律，展示其服务品牌，厘定其精神元素，解构其制度文化，阐述其行为文化，认识其形象文化，展望其发展愿景，着力追求新发现、新认识和新说明。

第三是表述新鲜生动，语言简练形象，将汕头元素以及旧影背后的故事，用朴实、形象、生动的语言表述出来，既准确明了，又恰如其分。在章节标题上明显体现了这一风格，采用四言章目、七言文题，形象地表达出各种潮味文化特征。

全书文字表达顺畅，行文如流水，用词考究，严谨又生动，反映出本书不仅仅立足于纯学术研究，而且在语言表达上有意定位于大众化读物，将学术研究与大众读物完美结合，适合于行业内外人士阅读。

除了以上"三新"之外，在理论上创新、构建研究潮汕文化的理论体系，更是本书最大的创新亮点。没有科学的理论做支撑和指导，本书的体系构建、观点创新就无从谈起。作者把丰富的文献资料与实践经验和理论研究结合起来，综合多学科的成果，在探究汕头埠文化的结构和凝炼汕头城市的精神价值过程中，对潮汕文化的实践进程进行了理论概括，既源于原形，又高于原形，抽象了实践经验，进行了较高水平的学术提升，升华了文本的内在价值。

正如作者所说的"透过老照片，我们对汕头历史的一一回眸，相信有助于我们理解近现代中国一个口岸城市的开放和社会发展过程，有助于我们认识从这个口岸进来的和出去的纷纭事物"。这反映出了作者具有较好的文化理论功底和独特的学术见地，能够举重若轻、以简驭繁、深入浅出、挥洒自如。

本书的另一大特点是既立足论题，又博采众长、兼容并蓄的学术特色。书中采用文化学、人类学、社会学、艺术学等相关学科的理论与方法,将汕头埠老照片从物质文化、精神文化、制度文化与行为文化四大部分进行论述,各文化要素之间紧密关联、兼容协调,共同构成了汕头城市文化的有机整体。全书观点既突出了汕头城市文化的个性,又展示了近代以来华南港口的共性,凝练了潮汕文化的价值理念,更构架了独具特色的价值体系。

凸显了汕头城市文化重要的现实性、实践性、操作性与指向性的特点,这是本书的一大亮点。作者紧密围绕着汕头埠老照片的核心内容和文化精神展开论述,勾画了百年商埠的文化灵魂、亮点和主心骨,使研究结论既来源于实践,又不局限于实践和经验,做到与历史合拍、与现实贴近、与走势契合。这些研究既来源于现实实践,又回归于现实实践。

张扬汕头城市文化的潮人人文精神与价值取向,也是本书的一大亮点。汕头城市文化其实就是潮人的文化,是潮人的思想意识、价值理念与行为方式等的集中体现,作者深入挖掘潮人的价值理念因子,凝练潮人的精神价值,着重突出汕头埠的主体性地位,反映出了汕头城市文化具有广泛的群众基础和长期的人文传统。

汕头城市文化是生活在这片土地的人们长期努力、精心培育下,形成的具有丰富内涵、独特精神、固定范式和鲜明时代特征的文化。全书从老照片入手,始终围绕着汕头城市文化的主体——人——来展开论述,弘扬汕头城市的人文精神、人文价值、人文追求,注重探讨汕头的人文环境,避免"见物不见人""见事不见人""见理论不见人"等种种弊端,力求做到人与事物、人与环境、人与文化、人与事业、人与精神的协调统一,力求做到人、事、物、理四者完美统一。

本书采用多学科的研究方法,灵活多样,探索本课题的独特研究方法,也是一大优点。作者为了更加科学、客观,研究结论更可靠、更细致,借鉴了多种学科的研究方法,加以综合运用,逐步形成了一个研究汕头城市文化的方法论体系。

但是，此著也不可避免地存在一些不足之处，但瑕不掩瑜，《汕头影踪》一书仍是一部重要的汕头城市研究之作。在全国性促进文化发展与繁荣的时代背景下，此书对传播潮汕独特的地域文化和展现潮人风采，具有重要的学术价值与现实意义，这一点是不言而喻的。

是为序。

肖涛生

（潮汕文学院副院长、《潮人文学》杂志总编辑）

第一章　往事悠悠

一 存世较早老照片

汕头自 1860 年开埠以后，一个小渔村正悄然发生变化，大批西方人到此驻足，他们有的从事经济、宗教活动，有的则以政治、军事活动为目的，而他们留下的照片也直观地记录了汕头埠的早期景象。当年汕头埠熙熙攘攘的人群中，也有世界纪实摄影的先驱约翰·汤姆逊（John Thomson，1837—1921）的身影。

1867 年至 1872 年，汤姆逊的足迹遍布中国大江南北，在其镜头下，既有达官显贵与贩夫走卒，也有名山大川和民生时局。他将这批照片以 Illustrations of China and Its People（中国与中国人影像）为名在西方结集出版，近年"秦风老照片馆"斥巨资购得一套，成为迄今中国人收藏的唯一一套完整的《中国与中国人影像》。2012 年底，广西师范大学出版社以此书为底本，由徐家宁翻译，出版了《中国与中国人影像——约翰·汤姆逊记录的晚清帝国》，其中有一张摄于汕头，这可能是最早的汕头埠照片，此时距摄影术的发明只有短短数十年的时间。

拍摄于 1870 年左右的汕头埠照片（约翰·汤姆逊摄）

汤姆逊出版此书的初衷，是为西方提供有关中国的百科全书式的影像资料。而现在，透过西方人探寻的目光，我们看到了 150 年前的汕头埠的一角。汤姆逊为照片所作的介绍中写道：

外国人称之为汕头的中国城镇，位于韩江出海口东岸，韩江流经广东省人口稠密而富饶的地区，同时在它入海口处有一个能让大型船舶下锚的宽阔港口。因此在1842年，它首先吸引了外国商人的目光，自此后在商业上的重要性日益上升。……1842年到1851年，在现在居留区下游四英里左右的地方，一个未经承认的外国社区在汕头妈屿岛建立起来。1862年，在得到中国政府的许可后修建了现在的居留区点，它背山而立，山后是本地人的城镇。

照片拍摄于 Messrs. Richardson and Co.（理查德森洋行）后面的高处。这里的山除了散乱的花岗岩之外什么也没有。这些花岗岩有的处于崩离状态，有些却是大块的巨石，光秃秃地裸露着，像纪念碑一样静静地矗立在山冈上。尽管地势条件恶劣，这里的居民还是运来了肥沃的土壤，将房子周围寸草不生的坡谷变成了花园和整齐的草坪，而且就像他们期望的那样，一个小村子在附近迅速地繁荣起来，为这些外国人提供各种所需。

欧洲人的房子主要用一种本地混凝土建成，这种混凝土是附近大量出产的一种长石黏土与贝壳灰的混合物，凝固后十分坚硬。在里面，房子的天花板上都装饰有精心制作的檐口和镶板。这些东西都是本地艺人的杰作，他们将这门技艺发展到近乎完美的高度，使之成为汕头的特产。飞禽走兽、鲜花水果，因艺人高超的艺术和优雅随性的设计而栩栩如生，他们用双手和一两把小泥刀就能完成所有的工作，精美的图案在他们十指间一点点呈现出来，但是艺人们的收入却很低……

从汤姆逊的照片中，我们可清晰地看见许多栋欧式建筑错落有致地分布在海边，因此我们可以推断，这张照片是汤姆逊在礐石的山坡上举着照相机向东北方的韩江出海口方向拍摄的。照片左上方有一小屿，旁边还有一块小岩石，而从新加坡的陈传忠先生收藏的几张老明信片

20世纪初汕头美璋照相印制的礐石"海角石林"明信片（陈传忠藏）

中，则可看到这个小屿可能就是礐石海滩上的"海角石林"。

另一张明信片上的照片大概是从海角石林附近向西南方的礐石上拍摄的，能清楚地看到海边的小岩石。

20 世纪初汕头美璋照相印制的礐石港口明信片（陈传忠藏）

　　而汤姆逊照片中的"Messrs. Richardson and Co."，我们可以从 1922 年"八二"风灾之后汕头存心善堂拍摄的一张照片中得知，这座建筑后来也被称为德记花园。

1922 年，礐石德记花园灾图（蔡木通提供）

　　相关文献记载，德记洋行创办于 1862 年，最初设址在汕头的至平路，后迁至商平路，其业务主要是在汕头招聘契约华工往外国当劳工。房建昌研究员所撰的《潮汕地区中英交涉数事》对德记洋行的描述如下："1861 年 4 月 30 日，汕头最早开设的美英商德记洋行（Bradley & Co.，Ltd.）被一群约 200 名的武装华人袭击，价值约 12 000 元的资财尽被抢劫。当时该行出资者共 3 人，其中 2 人是美国人，1 人为英国人。该行真正的创建者为美国人巴利列（Chas William Bradley. Jr.），其汉名又译作俾列利·查士·威林。他虽然不是职业外交官，但1849年到1853年以商人资格为首任美国驻厦门副领事，1854年任美国驻宁波领事，1855年在香港以自己的名字创建德记洋行，1856年来妈屿居住，汕头的德记洋行实际为分行。1860年1月他又为首任美国驻汕头副领事，至翌年3月卸任。"[①]

从上面简单的关于德记洋行的材料中，我们初步获知，德记洋行在妈屿和汕头埠都有产业，而礐石是否有其产业则不得而知。存心善堂1922年拍摄的照片称其为"德记花园"，并不是"德记洋行"，汤姆逊拍摄的礐石照片所称的"理查德森洋行"，距存心善堂拍摄德记花园照片的时间相差半个世纪，期间可能是产权有了转移，于是这座建筑成了德记洋行的产业。

拍摄汕头埠照片的同时，汤姆逊还拍摄了一张潮州湘子桥的照片，这也成为传世最早的湘子桥照片。

相比前一张，他拍摄湘子桥时，就颇有点麻烦，他叙述道：

拍摄湘子桥是艰辛的。拍摄时，为了避开喧闹的不友好的人群，我一清早就开始工作。但人们还是骚动起来。当他们看到我那枪炮般的摄影家伙对准他们那高悬桥外摇摇晃晃的住处时，他们认定我是在耍外国巫术，要加害于古桥及上面的居民。于是他们丢下店铺摊档不管，由一个"勇敢分子"纠集一批擅长于投掷的无赖，与其他市民一起，齐心

湘子桥最早的照片（约翰·汤姆逊摄）

协力，准备好泥巴瓦片等投掷物。没多久，这些东西便雨点般落在我的身旁和头上。我跃入水中，狼狈不堪地向停靠在附近的篷船撤退，登船躲避。当人群中一个"无赖"不顾一切继续进逼，欲毁我的摄影机时，我不得已操起尖利的三脚架当作武器把他击退。对于我来说，损失并不大。说真的，古桥的照片还是在三脚架上拍摄到的。

约翰·汤姆逊是英国苏格兰摄影家、地理学家、旅行家，也是最早来远东旅行并用照片记录各地人文风俗和自然景观的摄影师之一。1862年，他成为皇家

① 房建昌：《潮汕地区中英交涉数事》，《汕头大学学报》（人文社会科学版）2000年第3期。

苏格兰艺术学会的会员。同年到新加坡生产经营航海仪器，并开设照相馆，主拍人像。后又到锡兰（今斯里兰卡）、印度、暹罗（今泰国）、柬埔寨和越南等地。1866年入选皇家人种学会和皇家地理学会。1867年10月移居香港，开始了他摄影生涯中至关重要的几年。《中国与中国人影像》是汤姆逊最重要的作品，为他带来了巨大声誉。1881年他被维多利亚女王指定为御用摄影师。汤姆逊不仅是一名摄影师，更是一位带着思考去行走的观察者，他对中国社会的解析涉及方方面面，他的数百幅照片以强烈的纪实风格，记录下落后腐朽与求变图强并存的中国，无论镜头或是文字，视角都颇为科学、严谨，至今观之，仍觉新鲜、生动。

二 旧影中的汕头湾

　　汕头湾是南海东北部的海湾，包括西部的牛田洋和东部的汕头港，在韩江三角洲之南，是榕江和韩江的支汊梅溪的入海口。汕头湾是潮汐通道型河口湾，其范围从牛田洋至妈屿岛，大致呈东西向，从空中俯视似莲藕状，两头宽、中间窄，东西长23千米，南北宽为1～4千米，水域面积约70平方千米，其中汕头港的面积约为30.5平方千米。汕头湾南有达濠岛的丘陵，出海口有妈屿、鹿屿（德洲）双岛为屏障，自然条件良好。汕头开埠后商贸日趋发达，成为粤东最大的商埠，影响远至闽西、赣南。

　　汕头湾最早的风景照可能是汕头美璋照相和太古公司在清末所拍摄的。美璋照相所摄的照片中有几张是彩色的，海湾里碧波荡漾，岸上的建筑物红瓦白墙，周围绿树葱郁，一片静谧的海滨风光。

20世纪初的明信片，系从海上拍摄的汕头湾及岸边景观，汕头美璋照相印制（陈传忠藏）

　　下图为太古公司拍摄的两张汕头湾照片，内容是一南一北的风景，应该是从船上拍摄，近距离的礐石山清晰可见，而北面的桑浦山脉也隐隐在望。

　　相比之下，美璋照相在同时期差不多从同一片海面拍摄的照片，主要以太古洋行的仓库作为对焦点，远处的山脉则显得模糊。

1907 年的汕头湾照片（太古公司藏）

1911 年的汕头湾照片（太古公司藏）

20 世纪初的汕头港湾，汕头美璋照相印制（陈传忠藏）

而拍摄汕头埠全景时，汕头美璋照相的摄影者站在礐石山上俯拍，帆船、轮船、市区建筑、远处山脉一览无遗。

20世纪初的汕头埠全景图，汕头美璋照相印制（陈传忠藏）

20世纪20年代之后，汕头埠的繁华程度与日俱增，汕头湾北面的堤岸越建越长，堤岸内的建筑物也日渐增加。20世纪20年代日本大阪神田原色印刷所印行的《汕头全景图》，由三张明信片组合而成，从照片中可见汕头湾内平静无波，但堤岸已明显比以前向东延伸了不少。

20世纪20年代，日本大阪神田原色印刷所印行的《汕头全景图》（陈传忠藏）

太古公司两张与汕头港相关的照片和另一张日本明信片也同样表现了堤岸东延这一场景。

1928 年汕头港的轮船照片（太古公司藏）

汕头港照片（太古公司藏）

从汕头湾南岸礐石山上远眺汕头市街，20 世纪 30 年代日本印制的明信片（陈传忠藏）

相比而言，由日本大阪神田原色印刷所在 20 世纪 20 年代印行的《汕头角石全景》，汕头湾内波涛涌动，南面山脉延绵，建筑物只是零星地分布在岸边。

20 世纪 20 年代日本大阪神田原色印刷所印行的《汕头角石全景》（陈传忠藏）

汕头湾南岸的礐石不似北岸系冲积土地形成，多为花岗岩丘陵，因此礐石一带的开发程度远逊于北岸。这里的花岗岩经长期地质变迁、风化，形成馒头状石块，有的位于山顶和山腰缓坡处，更多的则堆积于山沟凹处，构成千姿百态、似人似物的奇石，从而也流传有许多美丽的传说。如"宫鞋石"的传说："宫鞋石"所在地原是莲池，在明月皎洁之夜，一位仙女到此游玩，被池中美景所吸引，于是脱下宫鞋濯足戏水，却忘记了时辰。忽闻晨鸡报晓，仙女怕犯天规，匆忙而去，却忘记穿鞋，从此宫鞋留于凡间，化为奇石。

20 世纪 50 年代的汕头湾内礐石宫鞋石旧影（《汕头市志》载）

在距宫鞋石不远的另一处海滩上，曾有整片的花岗岩海蚀石柱群，一群群石柱、石笋挺拔海面，俗称"海角石林"。早在20世纪初，它们就被摄入照片中。

海角石林奇形怪状，有的如群兽嬉戏，有的似孩童玩耍，有的像妻望夫归，每当潮涨海角，浪搏石林，景色壮丽非凡，曾被誉为"汕头的克里米亚半岛"，吸引了许多游客和地质爱好者前来游览考察。遗憾的是在1969年大多数奇石被炸毁。

20世纪50年代的礐石海角石林旧影 （《汕头市志》载）

汕头湾潮汐属不规则的半日潮，平均潮差1米，最大潮差2.63米。湾内水域在近代以来由于泥沙淤积和人工围垦而变浅、缩小。韩江的支流是泥沙的主要来源，梅溪夹带的泥沙在河口形成水下浅滩，1919年至1959年的40年间，浅滩向南延伸了665米，加快了汕头港区的回淤。西溪和东溪的泥沙在秋、冬、春三季由来自东北方向沿岸的海流沿海岸向西搬运，年输沙最多达50万吨，在汕头湾口和内外航道沉积。1919年至1959年，汕头湾内各部位平均淤浅1.29米，年均淤浅3.23厘米。由于滩涂被大量围垦，汕头湾水域面积由1956年的126平方千米减少到1979年的72平方千米，纳潮量从2.69亿立方米减少到1.54亿立方米，导致淤积速度加快。由于汕头湾南北并不宽，退潮时岸边就会露出一小段沙滩，被人戏称为"外滩"（Beach Road），汕头日本山口洋行在20世纪10年代就曾发行过一张明信片，图中景物位置可能是在今天汕头的跃进路，当年这里直接临海，浅浅的海滩和岸边的石篱清晰可见。

20世纪10年代汕头日本山口洋行发行的汕头外滩明信片 （陈传忠藏）

有了浅浅的海滩，就可以作为海水泳场，许多老汕头人还记得 20 世纪 50 年代始建的石炮台泳场。石炮台泳场在石炮台南面的海滩上，东边是军用码头，有一条长长的栈桥连接堤岸。

汕头石炮台泳场（王瑞忠摄）

泳场沙细而平缓，海滩沿堤长约百米，每年夏季开放，许多汕头市民在闲时都喜欢到这里一展泳姿。泳场有售票处、更衣淋浴室、寄衣室、广播站、水上救生台和救生员。入场须购门票，除了游泳外，还可以免费寄衣和淋浴。泳场入口处张贴着一张大大的潮汐表，告知入场者汕头湾涨潮和退潮的时间，风浪有变化时，广播还会实时播送注意事项及海面风浪情况。石炮台泳场除了平时供汕头市民游泳之外，还多次举办渡海活动，是渡海的起点或终点。如 1965 年 7 月 31 日，由汕头市体委、军分区、人民武装部、市总工会等 8 个单位联合组织的"支援越南战胜美帝横渡礐石海示威活动"，有近万人参加，起点就设在石炮台泳场。

20 世纪 60 年代横渡汕头湾旧影（《汕头市志》载）

一谈到石炮台泳场，笔者就想起小舅的故事。1965 年的渡海活动中，当年才 6 岁的小舅便以汕头印刷厂职工子弟的身份参加，成为年纪最小的参加者。小舅渡海之后，即被汕头市水球队的教练选中进入水球队，作为水球运动员来培养，后来还被送到广东水球队训练。1973 年，小舅从水球队退役后，就在石炮台泳场当救生员。当时小舅住在韩江旁，到泳场上班需乘公共汽车到终点站专区医院（即现在的中心医院）站下车后步行才能到。泳场分浅水区和深水区，不擅泳者在浅水区踏浪学泳，能泳者则可到深水区弄潮。小舅的工作就是坐在沙滩外的救生台上，观察泳场内人员的情况。

随着海滨路的东延，石炮台泳场被填平，渐渐地淡出了人们的视野，每当路过那里，眺望汕头湾，一桩桩往事便常常涌入心头。正是：

惆怅涛声日近斜，心中帆影映归霞。
放歌此刻情难合，踏浪当年记已奢。
幸得闲人多过鲫，不徒空岸寂如鸦。
风华往事随尘化，独有校勘留史家。

三　日本机构驻汕头

1939 年 6 月 21 日，侵华日军进攻汕头市，当日汕头即告沦陷。这一天现已成为汕头人铭记那段历史的纪念日。

清末至民国年间，由于地理上相近，日本人成为在汕人数最多的外国人。从清末潮汕铁路的建设到潮汕的金融、邮政活动，都有日本人介入的身影。

位于汕头海关街的"大日本帝国邮政局"，1905 年开设。20 世纪初明信片，汕头日本山口洋行发行（陈传忠藏）

台湾银行于光绪三十三年（1907）在汕头成立支行。20世纪初明信片，汕头美璋照相印制（陈传忠藏）

　　日本对潮汕地区的军事侵略以及中国军民的抵抗活动，现在已有越来越多的人开始了解。而笔者在本节将通过搜集部分日本人在汕头非军事机构的照片，粗略介绍汕头的东瀛学校、汕头日本人寻常高等小学校、汕头日本博爱医院等单位，以使读者简单地了解民国时期日本人在汕头的活动情况。

　　1904年之前，日本驻汕头领事由驻香港和驻厦门领事兼任。1904年方成立日本驻汕领事馆，建于汕头崎碌。

日本驻汕领事馆。20世纪初明信片，汕头美璋照相印制（陈传忠藏）

日本驻汕领事馆正面仰拍图。20世纪初明信片，汕头日本山口洋行发行（陈传忠藏）

1922年9月，新领事馆落成，位于现汕头市大华路。该楼坐东朝西，通面阔20米，通纵深23米，占地面积9 167平方米，建筑面积4 626平方米，砖、石、木结构，楼前有6根罗马柱，楼后左侧有附楼，是一座典型的两层欧式风格大楼。

1922年9月竣工的日本领事馆。属于汕头日本人协会发行的《汕头风景》系列明信片中的一幅（陈传忠藏）

从西向东拍摄的日本驻汕领事馆正面。20世纪20年代明信片，日本大阪神田原色印刷所印行（陈传忠藏）

1914 年 11 月，汕头日本居留民会（也称"汕头日本人协会""日本人俱乐部"）计划为日本商人及侨民子女建"东瀛学校"。

20 世纪 20 年代汕头日本人协会明信片，日本大阪神田原色印刷所印行（陈传忠藏）·

1915 年 3 月 21 日，东瀛学校在汕头崎碌乔林里开办，借房作为临时校舍。因学校与台湾人合作开办，故由台湾总督府派出教员上课，至年底有男生 21 人、女生 4 人、日本籍及中国籍男教师各 1 人。1917 年，台湾总督府拨来大笔补助金，于 1919 年建成新校舍，1920 年在福安街设分校。为方便在汕的日本人子女及台湾人赴日本留学，当年 10 月该校增设了日本语特设科。1922 年，又为毕业生增设了实习科。1923 年 1 月，在新马路的临时校舍里设了分院，10 月迁至中马路新校舍。1924 年 3 月停止补习科，增设兼补习教育的实务科。1928 年学生数达到 262 人，其中台湾学生 36 人。1930 年 2 月以日文专修科取代特设科，并进而改为教学水平更高的具有乙种实业学校程度的商科。1937 年 4 月底，有训导 3 人，嘱托 1 人；本科共有 3 个学级，1 个其他学级，其中台湾本科学生 71 人，其他 3 人，共 74 人，非台湾的中国学生仅本科 1 人。这一时期，本科已有毕业生 119 人、其他学生 54 人，共 173 人。至 1937 年末，共收到台湾总督府补助金 43.1 万元。1940 年 7 月，日本驻汕头领事馆的资料把该校称为"位于崎碌外马路的台湾籍民办教育机关"，院长是庄司德太郎，经营者是会长为梅津昌的"汕头日本居留民会"。

1915 年 4 月 11 日，汕头日本居留民会以该会一个房间作为教室，开设"汕头日本人寻常高等小学校"，并附设幼稚园，到年底有男生 4 人，女生 8 人，日本籍女教师 1 人。1917 年 2 月该校迁至广州街。

汕头日本居留民会又计划在作为东瀛学校分校购入的外马路一块地皮上建新

的汕头日本人寻常高等小学校校舍，1916年2月开工，翌年9月竣工。该楼为二层木结构楼，有教室4间，还有讲堂和养护室等。1936年9月有3个年级，3名教员，学生20人，教育费4 844元，补助费3 000元。而到了1937年4月底，仅有寻常科2个年级，2名职员，学生46人。1938年该校的土地、建筑及动产价值共计54 578元。

汕头日本人寻常高等小学校。20世纪20年代发行明信片，日本大阪神田原色印刷所印行（陈传忠藏）

日本人寻常高等小学校另一景。20世纪20年代明信片，属于汕头日本人协会发行的《汕头风景》系列明信片中的一幅（陈传忠藏）

1922年10月，日资宏济医院在汕头崎碌联和里西巷创办，主任为日本人中村泰吉，有工作人员4名，其中日本人1名。1925年春，医院购定新址（今外马路169~171号），易名为"财团法人博爱会汕头医院"（简称"博爱医院"），医护人员均为日籍或中国台湾籍，医生常有5~7人，护士助产士常有15~20人不等，理学治疗设备、检验器械等设备及药品均颇齐备。

1937年7月7日，"七七事变"爆发，拉开了中国军民全面抗战的序幕。日本政府通过在华各领事馆紧急通知日本人、台湾人和朝鲜人撤退。汕头日本领事馆还特别通知在汕台湾人，警告他们处境危险，应立即撤走，并发放了"免费撤离证明书"，开始分批撤退侨民。

被抗日民众捣毁的日本驻汕头领事馆（《日军侵略潮汕写真》载）

日本军舰也来保护撤退，如7月24日，日舰"松冈"号、"吴竹"号分别在汕头湾活动，后一艘驱逐舰与另一艘名为"速风守"的驱逐舰，在8月12日下午5点保护着载有最后一批撤离汕头的432名日本人的轮船驶离汕头，向台湾基隆和高雄港出发。在最后一批日本人撤离的前一天晚上，即8月11日，天降大雨，日本汕头领事下令全部日本人撤离。次日上午8时，日本人和台湾人冒雨将领事馆及警察署的重要文件搬上"福建丸"轮船，原本准备用于被困时支撑的食品也同时被搬上船以应急。因为东西很多，搬了许多次，至午后1时才全部搬完。大家一想到要放弃经营了几十年的产业，也许再也不能回来了，心情都十分沉重。中国方面为防止出现袭击日本人事件，也派人警卫。至此，除了7名日本人作为断后，以及122名不愿撤离的台湾人外，其余日本人、台湾人、朝鲜人全部离汕。

1939年6月21日，汕头沦陷，台湾总督府即募集"慰问品"，准备巩固日军侵略和用于宣抚的物资，满载一船，于7月1日从台湾出发，来汕"慰问"。率队的是台湾总督府派出的事务官庆谷隆夫和理事官寄军儿，以及一名慰问使，船上还载有原汕头日本人高等小学校及东瀛学校校长权藤鹤次、职员后藤元吉、木户守一、井口资郎。他们是应侵汕日军要求，作为"军嘱托"，代表台湾总督府于7月10日在汕头开设"日语讲习所"。该所至同年底已办3期，被迫就学者有535人，并在1940年1月29日重办了汕头日本人高等小学校及东瀛学校。

由汕头日本人协会创办的东瀛学校，1915年正式开学。20世纪20年代明信片，汕头东瀛学校发行（陈传忠藏）

日军侵占汕头后，要求台湾总督府立即重开汕头博爱医院，台湾总督府于1939年7月15日将在广东的一位技师派到汕头调查相关情况。第二天，这位技师和汕头博爱医院院长河田幸一等几人便急赴汕头，又从台湾、广东增派人员，在8月3日，于原汕头博爱医院处开设临时博爱医院，12日还开设了汕头博爱医院潮州分院。1939年底，该医院院长为山中觉，有医师10人、书记4人、技术员4人、雇工7人、女护士9人，截至1939年12月，共接待汕头普通患者511人以及潮州患者2 384人。

左图为1948年拍摄的汕头博爱医院楼房，医院于1948年改组为"广东省立第一医院汕头分院"；右图为1948年改制后的医院大门（《汕头市中心医院院史》载）

汕头沦陷期间，多家当地医院横遭日军劫夺，而博爱医院因属日资，不仅得以保存，而且规模及设备得到进一步发展。抗战胜利后，医院于1945年11月7日被接收时，已设有庶务科、内科、外科、眼科、齿科、耳鼻咽喉科、妇科、理学治疗科以及防疫部、药局、病室，成为汕头一家设备齐全的综合性医院，设备、医疗实力均属一流，各科医生都是资深专家，服务对象主要是日本侨民和汕头市民，是汕头社会公认的大医院，总资产折合国币近亿元。

汕头"6·21"沦陷这一不堪回首的往事，至今已过去整整四分之三个世纪。民国年间，日本人对汕头的教育、医疗事业发展虽起到一定的促进作用，但其本质仍是对中国进行侵略。回首当年日本人在汕的相关照片，留给我们的启示依旧深远。回眸历史，我们眼里饱含泪水，但这不仅仅是一道道中国民族史的伤疤，更是激励和促进我们不断发展、不断强大的精神力量，是支撑中国人民浴火重生、栉风沐雨而依旧巍峨地屹立于世界民族之林的不竭动力！

四 城市新兴自来水

清光绪三十二年（1906），侨商高绳之发起集资，筹建汕头自来水公司。翌年，公司成立。宣统三年（1911）9月，定址于庵埠大鉴乡并动工建厂。工程于民国二年（1913）竣工，1914年2月正式开机送水。自此，汕头开始使用自来水。

1921年，自来水公司修整河底漏喉竣工旧影（《汕头自来水公司》载）

但在汕头市供水事业刚刚起步的十多年时间里，汕头社会动荡，经济受到严重影响，城市供水也发展缓慢，直至 20 世纪 20 年代末才逐步有起色。由于城市对自来水的需求量渐渐增加，地方政府对城市供水也越来越重视，因而成为自来水公司的一个发展良机。

自来水塔（《潮梅现象》载）

（一）沿途供水设备安全问题

庵埠水厂与汕头之间的输水管道长达 10 940 米，沿途经过潮安、澄海二县属下的赤窑、西陇等多个乡村，而水管经过的地方不少是村外田野，因此成为盗贼的目标，设备被盗之事时有发生。

1939 年的庵埠水厂（《日军侵略潮汕写真》载）

1927 年 12 月 3 日夜间，西陇乡前水喉被人损毁数处，自来水公司派人修复后，经上报潮汕戒严司令部，由汕头公安局派员保护水厂工人前往修复，同时又通过驻军发布通告。不料仅过十日，在 12 月 14 日夜间，西陇乡前附近总水喉又被人毁坏。12 月 15 日早，自来水公司接到消息之后，公司经理林子明一面派工人准备水喉及修整应用物料，一面再次向潮汕戒严司令部报警，恳请驻军派兵保护，另外要求查缉毁坏水喉之人，以保护合法商人的利益。

为彻底解决沿途供水设备安全问题，市长萧冠英于 12 月 21 日向潮安、澄海二县县长发函称："西陇乡前供水线路屡被人毁坏，修复不久又被毁坏，附近各军队如不保护，无法保证安全，因此除请驻军、潮汕戒严司令部、汕头市公安局外，还希望沿途各乡警察认真保护。"但由于当时战乱不断，沿途的水管还是时不时地遭人破坏，自来水公司只得随时准备修复，这一情况直到20世纪30年代后才开始好转。

抗战前自来水管都是以人工徒手安装（《汕头自来水公司》载）

抗战前安装18寸水管后施工人员合影（《汕头自来水公司》载）

（二） 加强自来水水质化验

1928 年 5 月化验专员傅尚荣向市政府报告，说潮州城有霍乱发生，而潮州城中沟渠排水于韩江，因上游江水有传染病菌，下游亦会受到污染。虽然汕头自来水厂使用的过滤方法可以过滤大部分细菌，但为保险起见，建议采用"缘化法"消灭水中细菌，使饮水更为安全。市长黄开山批示，要求汕头自来水公司采用"缘化法"消灭水中一切细菌。接着，黄开山于 6 月 27 日委派卫生科科员霍瑜缘与化验专员傅尚荣一起前往庵埠水厂调查水质，并让自来水公司遵照调查后提出的整顿计划加强水质化验。汕头自来水公司为达成市政府要求，便外聘专员从事水质化验工作，但聘请的德国人爱力士却"只有在德国药科修业学期凭照，并无医科毕业证书"。早在 1927 年 11 月底，汕头市政府就认为爱力士不具备化验资格，不能为自来水公司化验水质。在市政府勒令下，自来水公司只得将爱力士辞退。

为真正做好水质化验，汕头市政府设立了化验室，专门从事化验食品饮料工作，并每月化验一次自来水，登报公布结果，但这些工作并未向自来水公司收费。后为扩充化验室、增购仪器，市政府决定自 1929 年 2 月份起每月收化验自来水费大洋 20 元，并将化验结果由自来水公司登报公布。至此，汕头的自来水化验初步得到规范。

（三） 供水管道与马路建设

自 1929 年起，汕头新建设的道路越来越多，供水网络也相应拓展。在镇邦路的修筑过程中，就出现了供水管道与马路建设不同步的情况，因而自来水公司和市政建设方必须寻求一种两全其美的解决办法。

政府工务局建筑课长麦锡渠巡察镇邦马路工程时，发现仁和二横街口路基石角被自来水公司安设了水喉，但掘开路面后并没有并行修复，于是上报政府。市长许锡清批示立即将路面照原状修复，并明文规定以后每次装设过街水喉或掘地埋管时，如完工后不将路面照原状修复，除责令修复外，还要处以 20 元以上 50元以下的罚金，以示惩戒。

有了上面的教训，汕头市政府对此问题作了规定：自来水公司若在马路安设水管，须在路面未修好以前安设，马路修好后一年以内不准挖开安装水管。

马路的自来水供水管道建设问题得到解决之后，正在建筑的镇邦路、德兴路、国平路北段等处也有了依照，一并照此办理。

汕头埠各大街小巷的地下铺设 2 ~ 15 寸不等的镀锌管、生铁管和陶瓷管 3 种水管，总长度约 84 千米。水厂供水能力为每日 3 200立方，每天分 4 次供水，每次供水 2 小时（《汕头自来水公司》载）

　　从 1907 年至今，百余年的汕头自来水事业的历程也是汕头社会发展的一个缩影。从现在所知的民国资料来看，汕头市政府对于饮水一事，都视为最重要之市政工程。本书上面所辑录与自来水相关的几件事，虽然仅局限于 20 世纪 20 年代末期的两三年间，但从另一个侧面看，也是汕头城市建设进程的见证。从此，自来水的建设伴随着汕头社会发展，成为汕头由一个小商埠向现代城市转变的标志之一，可以说是汕头城市史上一次质的飞跃。

五　礐石名人留影记

　　礐石风景区位于汕头港南，三面环水，重峦叠嶂。自汕头开埠后，礐石一带便成为海关、领事馆等涉外机构的主要驻地，也成为游客及汕头民众休闲旅游的好去处。笔者收藏的老照片中，有不少是摄于礐石的，其中有三张照片中的人物均是影响一时的知名人士，从他们的合照中，可以引出一段段难忘的故事。

　　第一张照片是新加坡潮州侨领林义顺与潮海关监督陈其尤于 1921 年 10 月 26 日摄于礐石。照片中，林义顺与陈其尤西装革履、头戴礼帽、手持手杖、派头十足，照片旁写有"潮海关陈其尤监督邀余往礐石，影此纪念，十年十月廿六，发初自题"。该照片由汕头美璋照相拍摄。

林义顺（左）与陈其尤（右）在礐石的合影（陈传忠藏）

因为礐石自然风景秀丽，汕头建市政厅后曾计划将礐石辟为游乐区。当时在礐石曾有一个高尔夫球场，很多名流都前去打球。而居住在礐石的洋人，很多人家里都有钢琴，每当夜幕降临，经常可以听到洋楼里传来悠扬的钢琴曲，让人陶醉。

这帧照片的题字者"发初"即是林义顺的字。林义顺（1879—1936），字发初，号蔚华，又号其华，生于新加坡，祖居广东省澄海县岐山乡马西村（现汕头市金平区岐山街道马西社区），幼时父母去世，由外祖父母抚养长大，并在私塾学中文；10岁时进入圣约瑟书院和英华学校学习英文，20岁时开始从事橡胶及黄梨树的种植，后事业兴旺，有"树胶大王"和"黄梨大王"的美誉。1906年，孙中山在新加坡成立同盟会分会，林义顺积极参加，负责交际事务。此后直至1911年，孙中山在新加坡期间的活动，林义顺都跟随左右。而从推翻清政府到讨伐袁世凯，从护法到北伐，林义顺都先后斥巨资支持革命。1921年，林义顺出任新加坡中华总商会第十三届会长。1928年创办新加坡潮州八邑会馆，被推选为首任总理。1936年3月20日病逝，葬于南京中山陵附近。

陈其尤（1892—1970），广东海丰人，早年加入同盟会，曾参加黄花岗起义及光复惠州的战斗。民国建立后赴日留学，1916年毕业于日本中央大学政治经济系。1917年，孙中山领导的护法运动爆发后，陈其尤辞去北洋政府财政部的职务，南下讨袁护法，担任粤军总司令部机要秘书。其后，陈其尤先后任福建东山县、云霄县县长以及潮海关监督兼海关外交特派员等职。1925年加入中国致公党。1931年，陈其尤在香港召开的中国致公党第二次代表大会上，被选为致公党中央干事会负责人之一。1935年至1938年，陈其尤任蒋介石驻香港私人代表，1947年当选为致公党第三届中央副主席，1949年参加筹备并出席政协第一届全体会议，后历任广东省人民政府委员，致公党第四届中央主席团主席和第五、六届中央主席，是第一届全国人大代表，第二、三届全国人大常委，第一至四届全国政协常委。

林义顺在礐石与陈其尤合影时，他刚刚出任新加坡中华总商会会长，而当时潮海关新楼刚落成两月余，估计是作为参加新楼落成典礼的嘉宾而莅临汕头。

1949 年以后，政府非常重视礐石风景区的建设。1952 年春，汕头市政府组织群众参加绿化礐石山活动，大面积种植马尾松；1956 年至 1957 年间发动数万群众植树造林，至 1957 年底，共植树 650 余万株；1958 年至 1960 年，广东省和汕头市先后拨款 73 万元，先后建成 5 大景区、18 景点和水库、湖泊、亭台、岩洞和旅游服务点等。1960 年 11 月，董必武游礐石时，对礐石风景大加赞赏，遂留墨宝纪念。笔者收藏的第二张名人礐石留影便摄于此一时期。

1962 年，林之原（右二）、陈曙光（右一）与袁似瑶（左二）、黄润泽（左一）在礐石合照（辛秀芬提供）

林之原（1910—1969），1937 年加入中国共产党，1941 年参加东江纵队，先后任指导员、《前进报》编辑。1958 年任中联部亚非拉美处处长，是新中国第一代外交家。1965 年 6 月担任中联部六处处长并兼拉美所第一副所长。陈曙光（1910—2015）是林之原的夫人，曾任国家广电部科影部政治部主任。

黄润泽是广东审计厅处长。袁似瑶（1912—1997）曾担任广西教育学院院长、广西师范学院院长兼党委书记等职。他们都是潮汕早期进步社团——密林文艺研究社的成员，后来参加革命，转战各地。此次礐石重逢，实是各人离别家乡多年之后的相聚，林之原有《礐石别友》诗记录："青晖堂前日西斜，十日同游又分程。天南地北此一别，欲叙心曲待雁声。"

第三张礐石名人合照拍摄于 1982 年，是诗人张华云倚着手杖专注倾听画家王奔腾心语的一瞬。

该照片为摄影家洪浩所摄，他为作品起名"心语"，是表现"十年动乱"劫后余生的艺术家迎接文艺春天的镜头。

张云华倚着手杖专注倾听画家王奔腾心语的一瞬（洪浩摄）

张华云（1909—1993），广东普宁泥沟乡人，1934年毕业于中山大学史学系，后从事教育工作。新中国成立后历任政协汕头市委员会副主席、汕头市文联副主席、汕头市副市长等，代表作有《张华云喜剧集》和诗集《筑秋场集》《潮汕竹枝百唱》等。王奔腾（1919—1994），广东汕头人，原名树华，号休翁，青年时期求学于广州市立美专西画系，后自修国画。20世纪50年代初期，他在潮汕文联负责美术方面的领导工作，创办了汕头市美术研究会，并出任主席。王奔腾曾是汕头市政协委员、文联常委、广东美术家协会会员、汕头美术研究会主席、汕头画院画师。

从林义顺与陈其尤合影，到张华云与王奔腾的合照，笔者收藏的这三张照片代表了三个时代。1921年，汕头市政厅设立，与澄海县分治，正式成为韩江流域一座崭新的港口城市，迎来了城市发展史上的黄金时代。1962年，在度过一段困难的时期后，国民经济开始转入调整的新轨道，社会主义各项事业得到稳步发展。到了1982年，汕头已成为经济特区之一，走出"文革"阴影的文艺工作者在新时代又重新焕发出勃勃生机。

六　中山公园老照片

中山公园是为纪念孙中山先生而命名的公园，孙中山先生逝世后于各地大规模地兴建。中山公园是孙中山先生思想传播的载体，其建设拉开了中国大规模建造现代公园的序幕。中山公园所呈现的中西合璧和地域性的风格，代表了当时中国公园最高的营造水平，而公园内各式纪念性建筑彰显了它们的政治功能，公园的景观则多受中国传统风水学的影响。中山公园既是市民的游憩空间，又是政府对民众进行政治熏陶的场所，它不仅仅是历史建筑，更是具有文物价值的特殊建筑。

汕头中山公园于1921年便酝酿建设，一开始命名为中央公园，但直至1925年仍因经费问题未能建成。1925年国民革命军东征军第二次收复潮梅后，召开市民大会，决定把中央公园改名为中山公园，以纪念孙中山先生。

1926年9月15日，驻军汕头的何应钦和汕头市市长范其务联合举行中山公园奠基仪式。在此之前，何、范二人联合向社会各界发动募捐，共筹得善款数千元，作为园内建筑园门和木桥之用。1927年冬，已转任潮梅区财政处长的范其务为支持中山公园建设，专门拨出毫洋1万元作为经费。接着汕头市市长黄开山又着手继续建设公园内的各项工程，并由工务局主持公园的全面设计和施工，施工主要负责人肖诚用一个月时间即完成了公园设计图纸及说明书，把全园建设分成3个功能区和6大工程期。

为尽快把公园建成开放，实现全市人民多年的愿望，市长黄开山组织文艺会演、发行彩票并向社会发动募捐，用所得款项加快园区建设，使公园初具雏形。公园虽比较简陋，且部分地区仍然会被韩江水淹没，但毕竟让汕头市民有了一处休闲的场所。1928年8月28日，黄开山主持举行了"汕头中山公园开幕纪念游园大会"，并连续开游艺会三天。中山公园的开幕在汕头引起了极大的轰动，当时人口不足14万的汕头，"每天入场观览之市民，数愈三万，实为汕市空前之盛举"。

而从1928年8月28日的中山公园全图风景摄影、开幕纪念游园大会开幕典礼摄影中可看出中山公园刚建成的大致情形。当时有人对公园内的景观作了详细的描述："由中山路远望，即见环园竹篱及公园牌坊，牌坊高数丈，制以三合土，形式呆笨，工作又劣，殊欠美观。跨木拱桥即抵园门，举首纵览，所见者为凹凸不平之新土一片，纵横犁成方形。旁列花盆，隐约可见，规划形状，惟草皮未铺，盆花未移，殊乏园趣。所践之路，虽具直线形式，而砂厚数寸，步履维艰……"这样的描述，也正是这张开幕纪念照片的真实写照。

汕头中山公园开幕纪念游园大会全图风景摄影（陈嘉顺藏）

汕头中山公园开幕纪念游园大会开幕典礼摄影（陈嘉顺藏）

公园建成后至汕头沦陷期间，每年都有新的建设项目，如1930年所建的绳芝亭、假山、正门牌坊等项目于1931年竣工；1932年植树设花圃；1934年动工浚湖，用湖泥筑砌龟山、蛇山，此湖建成后，公园被列为当时汕头八景之首，名为"中园晚棹"；1935年至1936年建九曲桥和其他七座桥及亭榭等。

1936年的中山公园照片（《岭海名胜——汕头中山公园》载）

1939年日军侵略汕头，公园成为日军的牧马场。

抗战胜利后，公园重新对外开放。当局在园内建忠烈祠，公园管理人员自筹资金修复游艇场，建竹篷大同游乐场、木屋集芳园、梅花相馆等，靠租金维持自给。

1949年10月27日，汕头市军事管制委员会文教接管部接管中山公园。

刚建成的中山公园
九曲桥旧影（吴晓峰藏）

1950 年，政府组织 600 名失业工人浚深月眉河，加固堤岸。1951 年，改园内的忠烈祠为儿童文化宫，发动全市中学生暑假义务劳动，平整公园广场。此后中山公园又新建儿童游乐场、动物园、游泳池、文化走廊以及三层楼的展览馆，使公园焕发出新的活力。

公园委员事务室照片（《岭海名胜——汕头中山公园》载）

"文革"期间，"中山公园"改名为"人民公园"，正门牌坊上的"中山公园""天下为公"八个浮雕金字被砸碎，正面改为"为人民服务"门匾，四柱相应增镶革命化对联。

"文革"期间的中山公园正门牌坊（王瑞忠摄）

1970 年，"市革命委员会"决定将公园划归市环卫处管理，动物园和大同戏院辟为养猪场，花园改作种植猪菜（厚合菜），各游览活动区分别被改为饲料生产基地、木耳、草菇场和中草药标本园，全园工作人员改编成养猪连。十一届三中全会后，公园建设才重新迈上新台阶。1978 年中山公园再次举办大型群众性菊花展览。

1978 年中山公园菊花展（王瑞忠摄）

1979 年，为解决汕头郊区及邻县农村农业生产肥料缺乏问题，汕头市支农办先后几次动员组织各单位干部职工及各街道群众参加中山公园玉鉴湖"挖泥支农大会战"。会战之日，在放干了水的玉鉴湖上，大家紧张地挖、搬泥土，全力投入这项既支援农业生产、又改善公园环境卫生的公益义务劳动中。

1979 年冬，汕头市干群参加中山公园玉鉴湖"挖泥支农大会战"（王瑞忠摄）

31

此后，公园恢复了"中山公园""天下为公"牌坊大字，修复九曲桥，新建或改建花宫、湖上餐厅、露天剧场、动物园、电影院、孙中山全身铜像等一批设施，并对园区道路系统、供电系统、给排水系统进行改造，增加了绿化的面积。

"文革"后建成的中山公园湖上餐厅（王瑞忠摄）

汕头中山公园自 1928 年 8 月对外开放近百年来，经过不断建设，2002 年 12 月 16 日，又有了汕头新八景之一——月苑莺声，至今依然是汕头市民休闲的好去处。作为粤东地区历史最久、规模最大、影响最广的公园，中山公园是汕头社会记忆和城市历史文化的载体：它不仅承载着汕头埠近一个世纪的记忆，更是国家权力空间化与意识形态的载体。

七　酒光楼影话繁华

永平酒楼好布置，陶芳酒楼好鱼翅，
中央酒楼好猫腻，中原酒楼好空气。

这是一首流传在汕头埠的顺口溜，展现了 20 世纪 30 年代前后当地酒楼业的风华韵事，老辈汕头人几乎无人不知。但随着时光的流逝，昔日的汕头埠酒楼都失去了光彩，只留下斑驳不显的老建筑，令人无限遐想。幸好新加坡陈传忠先生主编的《汕头旧影》①，收录了多帧汕头埠酒楼的旧照片，让我们直观地领略到旧日汕头埠酒楼的风采。

民国年间，汕头埠的酒楼大多兼营住宿。永平、陶芳两家酒楼开业于20世纪20年代。永平酒楼位于永平路头，1922年建成，是一座宽敞的四层楼建筑，一、二层是餐饮，三、四层为旅馆。从老照片上还可看到，永平酒楼四层以上的天台还有一些建筑物，估计是露天活动所需的设施。

20世纪20年代的永平酒楼明信片（陈传忠藏）

永平路原叫第一津街。永平酒店建成后次年，第一津街扩宽，并改名永平路。据曾旭波先生研究，永平酒楼建成后虽很有名气，但当时酒楼的房间收费却属于汕头埠酒楼三个档次中的最低档，每晚仅需银圆1～3.2元，比客栈略高而已，物美价廉，赢得了"好布置"的美誉。1925年11月7日，第二次东征部队进入汕头后，周恩来等东征军领导人曾在这里举行"庆祝苏联十月革命胜利八周年纪念大会"，各机关代表共五百多人参加，"洵极一时之盛"。

陶芳酒楼的全称叫"陶芳合记酒楼"，位于万安街4号，在20世纪30年代的汕头埠已是资历较老的酒楼了。它虽然位于巷内，但"酒香不怕巷子深"，最出名的是鱼翅。陶芳酒楼的厨师制作鱼翅水平一流，价格在汕头属中上，适合高

---

① ［新加坡］陈传忠编：《汕头旧影》，新加坡：新加坡潮州八邑会馆2011年版。

收入的人群消费。陶芳酒楼在 1949 年之后就停业了，不久，酒楼整座建筑物改作汕头市第三小学。

20 世纪 30 年代初期，汕头埠经济高速发展，酒楼业也水涨船高，新酒楼纷纷开张。南生公司大楼落成，三、四层为餐饮，五、六层为旅馆，称作"中央酒楼"。

新落成的南生公司大楼创下汕头埠的两项"第一"：一项是楼的高度，比此前第一高的胡文虎大楼高了两层；另一项"第一"则是安装了汕头埠第一台电梯，此前汕头埠没有电梯，所以南生公司大楼的这台电梯也是当年的"第一"。

1939 年，汕头沦陷初期的中央酒楼（陈传忠藏）

20 世纪 50 年代的中央酒楼仍然雄伟壮观（陈传忠藏）

20 世纪 50 年代，居平路的汕头大旅社（陈传忠藏）

不久，居平路口的中原酒楼也开业了，它现在改称"鮀江旅社"，20 世纪 50 年代称"汕头大旅社"。

据悉，中央、中原酒楼的房间消费在汕头埠属第一等，每晚最高的房价约相当于当时普通工人一个月的工资，不难想象，那时候进出这两家酒楼的，不是达官显贵，便是富商阔少。由于南生公司大楼的配套设施豪华，中央酒楼的服务员年轻貌美、服务周到，而中原酒楼因面向汕头港，楼层又高，前方无遮挡物，可远观海景，海风亦可直接吹到，两家酒楼分别得到了"好猫腻""好空气"的名声。

除了上面的四大酒楼，汕头埠国平路与外马路交界的西南通酒楼也是一家知名酒楼，1947 年出版的《汕头指南》有其广告，声明

1940 年的西南通酒楼（陈传忠藏）

"西式厅房、空气凉爽、池盆浴室、冷热水喉、一切设备、美丽堂皇、招待周至、无负雅望"。1940 年，协荣印书馆汕头分馆发行的"外马路明信片"上，左边的半圆形四层骑楼就是西南通酒楼。到了 20 世纪 50 年代，西南通酒楼挂上"汕头华侨服务社"的牌子，承担各项对外接待工作。当时酒楼一、二层是餐饮，三、四层住宿。从步梯登上二楼，大厅四周为客房，右边为服务台，向里面走则是公共卫生间和开水房。五楼原来是天台，后来加盖了一层。1950 年以后，西南通酒楼又是从汕头港"过番"的中转站，人们可以在此购买船票，搭乘客轮出国出境。而来汕头的华侨有的是来投资的，有的是来做公益事业的，还有很多是来投亲访友的，他们到达汕头后，往往入住西南通酒楼，使这里成为当时"上档次"的酒楼之一。在二十世纪五六十年代，西南通酒楼接待了众

20 世纪 50 年代，挂上"汕头华侨服务社"牌子的西南通酒楼（陈传忠藏）

多的来汕华侨，成为中外交流的重要场所，同时也承担了很多重要的政府会议接待工作，闻名一时。

　　汕头埠还有不少外国人开办的酒楼，如英国人开办的"适宜楼"，建于1924年，为两座钢筋混凝土及砖木砌筑楼房，形式相同，每栋建筑有两层，每层面积355平方米，分为东、西两楼，相距4米，坐北朝南，每栋通面宽近15米，通进深20多米。适宜楼一译名为"哑司德酒店"，是汕头早期唯一一家欧式旅馆，业主为劳伦斯太太（Mrs. Lawrence），后改为"戈宝抽纱行"。适宜楼院中还有一座六角形的小亭子，遍种花木，环境优雅，素来是外国人出入的高档消费场所。

汕头崎碌风景照上的适宜楼（陈传忠藏）

适宜楼，汕头美璋照相印制（陈传忠藏）

　　民国年间在汕头的外国人中，日本人最多，因此也有日本人经营的酒楼。在20世纪初的明信片上，位于崎碌路的"汕头旅馆"，似乎只是一家普通小旅馆，但业主为日本商人山口菊松。据内田五郎所著的《新汕头》一书记载，山口还在汕头经营一家"山口洋行"，该洋行当年曾发行多张潮汕风景明信片，这张汕头旅馆的明信片（见下图）就是山口洋行发行的。该明信片上汕头旅馆建筑的墙上还有"SWATOW HOTEL"字样，明信片的说明文字则是"Kialat Road Swatow，South China"。

20 世纪初的日资"汕头旅馆"（陈传忠藏）

八　汕头中山纪念碑

在二十世纪二三十年代，为纪念伟大的革命先驱孙中山先生，全国不少城市先后兴建了中山纪念碑。作为粤东中心城市的汕头，当初同样兴建了一座中山纪念碑，却鲜为人知。据 1931 年的《汕头市政公报》（第七十三、四、五合刊）记载：中山纪念碑位于汕头市政府大楼前围场正中，坐北朝南，旁为花园，碑上刻"天下为公"四字，座分四面，前镌总理遗嘱，后镌碑文，左右皆属总理遗墨，四周绕以灯柱八枝，并置石椅，于 1931 年 10 月 10 日揭幕。

从《府前总理纪念碑平视图》可看出，市府大楼与纪念碑中心在一条直线上，高高矗立的碑身刻有"天下为公"四字，碑座正面是镌刻孙中山先生的《总理遗嘱》，整座建筑气势恢宏，庄重典雅，周围点缀花草，景色宜人。而纪念碑后面的市政府大楼共三层，底层为方石所筑，二、三层为红砖墙体，坚固且气势不凡，是一座"带着洋气的传统建筑物"，堪称民国年间汕头埠建筑的精品。

《府前总理纪念碑平视图》（《汕头市政公报》载）

汕头市政府办公楼
（王瑞忠摄）

由于该照片只是平视图，纪念碑的左右和背面碑文只能从《汕头市政公报》（第七十三、四、五合刊）中知悉了。

纪念碑左面碑文是"博爱，孙文"（下有一印，为"孙文之印"），纪念碑右面碑文为"大道之行、天下为公，孙文"（同样有"孙文之印"）。碑的背面记载了兴建纪念碑的意义，因碑文重要，特将全文抄录如下（若干字漫漶难识，以□代替）：

□震古烁今之事业，与□天□地之勋名，均不足□熙鸿号于无穷，而垂声于不朽。中山先生者，开我国数千年未有之政体，固宜百世不忘者也，汕头处□岭之东，地当潮梅冲要，先生护法时曾驻节于此，统一后市政建设胥本，先生遗训次第设施，子信□□长是邦，市广适于是时观成，昌黎云，莫为之前，虽美弗彰，莫为之后，虽盛强俾，是役也，经始于许、张两前市长，□□□□而成之，邦人君子佥请□诸贞珉，以垂永久，则宜□盛美于中山先生以为□，斯土者，勖□。训政伊始，国府方厉行自治，以扶植民权，其有本吾斯未信之心，传访问

38

咨，使所知所能，与所为之事，相
副者，钦斯则纪念先生之本意，而
亦汕市人士所馨香祷祝者也。

中华民国二十年九月，台山黄
子信敬撰并书。

纪念碑的设计者现在已无从知
晓，纪念碑可能在20世纪40年代
中后期即被平整，我们只能从老照
片中去领略它的风采。笔者收藏的
一张纪念碑照片，虽人物形象模
糊，但仍可以感受到纪念碑的恢宏
气势。

纪念碑被平整后，旧址上被种
植了不少花木。

汕头中山纪念碑照片（陈嘉顺藏）

1981年纪念碑旧址（王瑞忠摄）

既然谈到了中山纪念碑，顺便也说及汕头市政府办公大楼。办公大楼建成于
1930年12月底，1931年元旦举行落成典礼。

1931 年元旦，汕头市政府办公大楼落成纪念摄影（《汕头市政公报》载）

办公大楼的外大门顶部为半圆拱形，两边有四根圆柱，威严壮观，顶层有两个像棺材一样的建筑造型，寓"升官发财"之意。

办公大楼南北通风，内铺木地板，显得宽阔亮堂，楼内除办公室外，还有礼堂。由于新中国成立后大楼内的礼堂已不敷使用，所以又在大楼外侧新建了一座礼堂。

新中国成立后新建的市政府礼堂（王瑞忠摄）

在 1950 年 3 月汕头市人民政府成立后，汕头的行政中心就一直设在办公大楼，也成为不少在政府部门工作的青年留影的首选背景。

1991 年 11 月 1 日，市政府在此举行了"汕头经济特区"挂牌仪式，现场彩旗飘扬，鼓乐喧天，热烈喜庆。

1975 年，市委宣传部干事郑鸿奇
于办公大楼前留影（李振麟摄）

九 俯瞰汕埠航拍图

航拍即空中摄影，是指从空中拍摄地面图像，以获得俯视航拍图的一种摄影技术。航拍图能清晰地表现地面形态，在过去注重摄影实用性的时代，航拍更多地被运用于军事活动。现在可见到的最早的航拍潮汕的图片，可能是 1935 年出版的《潮梅现象》上刊登的《汕头市区之鸟瞰图》和《崎碌东区绥靖公署之全景》两图。

《汕头市区之鸟瞰图》和《崎碌东区绥靖公署之全景》（《潮梅现象》载）

据目前掌握的资料显示，侵华日军在进攻汕头前所拍摄的一组照片，也是较早的汕头埠航拍作品。这些日军航拍汕头的照片，最早刊登于《支那事变画报》第 62 辑、第 63 辑，为八开黑白印刷，于昭和十四年（1939）在日本发行，近年来由汕头大学图书馆编译成《日军侵略潮汕写真》出版。《支那事变画报》第 62 辑中的《汕头攻略战特辑》，刊登了多张航拍汕头全景相片，而《汕头攻略の意义》一文，更是暴露了日寇侵占汕头的狼子野心，文中清楚地写道：

6 月 21 日凌晨，我军精锐部队突然实施的攻陷汕头这一举动，彻底打破了英国等国家的梦想。这一举动充分显示了日本的潜在力量和军队的精锐水准以及"大陆政策"毫不动摇的坚定信念……潮汕地区是南洋华侨的故乡,迄今为止,汕头一直是蒋政府和南洋华侨之间的联络信道。攻占汕头可以使南洋华侨更深刻地认识到蒋介石政府已经败北,促使他们放弃对蒋的支持。同时,汕头会成为我军在中国南部海域实施海岸封锁的重要据点,以及掌握华南地区制空权和消灭广东以及香港附近敌军的重要据点……

这些航拍照片清楚地注明了码头、仓库、发电所、公园、邮政局、海关等重要地点,让人认识到日军在侵略汕头之前,已做足了前期的侦察工作,对汕头的进攻蓄谋已久。

注明汕头街市、公园、邮局的航拍图

注明发电所、税关的汕头港航拍图

汕头太古码头航拍图

注明发电所、仓库位置的汕头港航拍图

《日军侵略潮汕写真》所载航拍图

1939年6月21日,日本空军的飞机再次飞抵汕头上空,又拍下了几张航拍图，特别是轰炸汕头市郊交通运输线的航拍照片，更赤裸裸地展现了日军之狼子野心。

侵华日机轰炸汕头市郊交通运输线的航拍（《日军侵略潮汕写真》载）

如果说 1939 年侵华日军航拍汕头埠的照片更多地带给我们的是警示的话，那么 1977 年汕头知名老一辈摄影家洪浩老师航拍汕头埠的作品，则为研究当年汕头埠的自然和人文风貌留下了弥足珍贵的资料，也勾起了一件难忘的往事。

1975 年 7 月 1 日，中华人民共和国与泰国建立外交关系。1977 年，外交部等部门组织到泰国举办轻工纺织品展览，促进双边贸易交流。由于很多侨居泰国的华人来自潮汕，泰国华人社团就向中国大使馆反映，希望在展览时能展出介绍家乡风貌的照片和资料。这一要求得到外交部的首肯，汕头地委当即从各单位抽调人员，组成工作组负责此事。

1977 年，航拍汕头港（洪浩摄）

洪浩老师从参加工作开始就一直负责汕头文化展览、宣传教育等方面的工作，又擅长摄影，自然成为赴泰展览筹备组的成员之一。在筹备会上，洪老师提出，最为直观表现汕头风貌的方式无过于用照片介绍情况，以图说话，但有些照片无法在地面上拍摄，最好请地委向上级反映，向空军借用直升机进行航空拍摄。这一破天荒的提议，在会上几经讨论，最终得到了地委、省委的支持，当即指示空军派出一架直升机协助拍摄。当时飞机从外砂机场出发，向北沿海岸线拍摄，转入潮州，沿韩江南下。所使用的是老掉牙的苏制直升飞机，技术落后，在空中不能悬停，在这种情况下，为保证完成任务，直升机被卸去机舱门，洪老师整个人压在飞机门槛上，系一根小绳在腰间作安全带。虽然机身不断摇晃，但洪老师顾不上这些，为将镜头角度取得更广，努力将照相机伸出机舱外，以忘我的精神，用海鸥牌 4A 双反相机拍摄了一批反映潮汕特色的照片，如《昔日汕头港》《汕头光华桥》《韩江母亲河》等。拍摄完成后，洪老师还根据需要对照片进行剪裁，用拍摄艺术照片的方式处理纪实照片，既有较高的审美情趣，又不失生活根基，更保证了最佳的视觉效果。

航拍汕头光华桥（洪浩摄）

洪老师航拍的照片中，有一幅是汕头港码头，图中停泊在码头边的既有远洋大轮船，也有传统的木船，而远处则有航行的帆船。各式船只的生动组合，记录了当年汕头港的自然和人文风貌，让万里之外的泰国潮汕侨胞感受到了家乡的美。

洪老师的另一幅航拍作品——《汕头光华桥》，同样值得一提。

光华桥所在的光华埠位于汕头埠西北部。1916年，以廖杰夫为首的新加坡侨商开始对光华埠进行开发，经费主要由廖杰夫和廖葆珊父子承担。他们花巨资购买厦岭周围几千亩海滩进行开发，在南向光华桥头（即航拍照片的左下方）、北沿西港河到现在的大学路、东到潮汕路西侧的区域筑了一条底部宽2丈（1丈约等于3.3米）、深2丈、地面高1丈、长约5公里的石堤。该工程施工长达17年，直到廖杰夫1933年去世时才接近完工。自此，光华埠一带的企业日渐增多，工厂、仓库林立，成为汕头埠的工业区。光华桥前身为耀华桥，杉木结构，于1949年前后塌毁，1950年汕头市政府拨款重建为生活便桥；1953年增设桥柱，提高承载力后成为交通桥；1961年桥身被洪水冲垮，同年10月修建，仍为木桥。1964年1月，广东省建筑工程局对光华桥进行改建，由广东省建筑设计院设计，广东省第二建筑工程公司承建施工。改建后的主桥为三跨，桥长90.4米，桥面宽10.5米，其中车道7米，两侧人行道各1.75米；引桥南端近60米，北端62米；设计荷载能力汽车10吨，拖载60吨。该桥于1965年8月15日建成通车，缓解了汕头西北城区的交通压力，成为汕头的重要交通设施。以侨资建成的光华埠为背景，在洪老师的相机下，光华桥已不仅仅是一座交通桥梁，更是连接泰国侨胞与家乡的纽带。

洪老师的航拍照片在泰国展出后，在泰国华人社会中引起很大的反响，圆满地完成展览任务，达到很好的政治效果。不少潮籍的侨胞在阔别家乡多年后，再一次直观地、全面地看到家乡的风貌，满足了思乡情愫，为中泰建交后各项双边工作的进展注入了润滑剂。这批航拍作品，虽时隔多年，今日再观，依然韵味隽永，洪浩老师也因此成为汕头人航拍汕头的第一人。

"一切景语皆情语"，这对于任何艺术门类都是真理，一件纪实摄影作品的内涵远非摄影者按一按快门那么简单。日军的航拍照片，更多地带给我们铭记历史、知耻后勇的责任感；而洪浩老师的航拍作品，所体现的则是摄影师对家乡的炽热感情，他通过不断观察，把握了最佳拍摄时机，拍出经典的佳作，我们反复观看仍觉意味深长。

十　昔年的"三大"戏院

戏院是现代供戏剧演出的建筑物，往往都设有边副台与悬吊布景空间的舞台、供演员使用的化妆间以及设有楼座和包间的观众席，作为人们休闲娱乐用的场所。戏院的多寡往往是一座城市现代化发展程度的表现。汕头埠昔年就有不少戏院，如新华戏院、新观戏院、群众戏院等。

除此之外，更知名的还有“三大”戏院，这“三大”戏院不是指汕头埠排名前三的戏院，而是因为这三家戏院的名字中都有“大”字，即大同戏院、大观园戏院和大光明戏院。

大同戏院，也被称为大同游艺场，地处月眉坞边角（即现在汕头博物馆所在地），原为荒滩，未有中山公园便先有大同。

据鄞镇凯先生调查，大同戏院在 1926 年就开始营业，比中山公园建成开放早了两年。1953 年改为全民所有制，由公园管理处主管经营。1950 年后，大同戏院主体建筑是用竹搭成的，原设竹座椅，后来大观园戏院改建，将其木椅转让给大同，使大同戏院设备得到改善，经改造，共有 1 800 个座位。

大同戏院原是露天的，碰到雨天，观众常狼狈不堪，民间便流传有“大同演戏天就知，戏台一搭雨就来”“锣鼓响，雨大点”“戏一歇，雨就歇，戏台拆，雨就歇”等俗语。

20 世纪 50 年代的新华戏院（陈传忠藏）

汕头市在中山公园大同戏院举行"欢送知识青年上山下乡大会"（王瑞忠摄）

汕头市在中山公园大同戏院举行"欢送知识青年上山下乡大会"，戏院内坐满将要下乡的知青（王瑞忠摄）

大同戏院是一个多功能娱乐场所，在抗战胜利后，戏院广告上写明："潮剧、电影、话剧、烟火，一切娱乐，应有尽有，新设座位，诸君光顾，请早定座……"据说大同戏院全盛时曾有8台戏同时演出。除表演之外，戏院还有猜灯谜、赌棋等娱乐活动，以及一种近似于现在彩票的赌法——赌字。在戏剧表演间隙，戏院经营者会进行"赌字"。参与者事先在戏院内购买了"千字文"中的前36个字中的若干个，赌字时，戏院经营者会拿出两个密封的箱子，一个里面装着36个球（其中红球8个，白球28个），另一个箱则装着写有"千字文"中的前36个字的球，每球一字。赌时由一人用左右手分别同时从两个箱各摸出一个球，摸出红球的话，同时摸出的字球即是中彩之字，36个球摸完之后，8个红球所对应的8个字即是中彩字，买中者按中彩字数多少领取奖金。

几十年来，大同戏院艺事不断，同时又成为汕头各界召开大会的会场，也是潮剧演员训练、表演的主要场所。

1969年经"七二八"台风，大同戏院因遭受严重损坏而停业。1977年在中山公园内另择址兴建公园电影院。

"三大"戏院的另一家是位于至平路的大光明戏院。大光明戏院建于1932年，最早是电影院，原名"至平戏院"，曾一度改作"弥敦戏院"。弥敦（Sir Matthew Nathan，1862—1939）系英籍犹太裔军人，在1900年被委任为黄金海岸（今加纳）总督，成为首位担任大英帝国殖民地总督的犹太人。此后，他又历任第十三任香港总督和第十三任昆士兰总督等，在港督任内，弥敦曾拓展城区交通，又对九龙和中西区加以发展，现今香港"弥敦道"即以他名字命名，至于为何以弥敦为戏院之名，则暂时未知。大光明戏院在1939年汕头沦陷前又改名"中煌戏院"，沦陷期间，日军夺占戏院作为宣传机关，放映机使用日本产的罗兰牌。太平洋战争爆发后，日本"共荣会"接收戏院继续放映影片。抗战胜利后，戏院由原来的负责人黄震东接收，继续营业，并改名"大光明戏院"。当时"大光明"三字系由汕头著名残疾书法家潘公明所书，潘家系汕头名医世家，潘公明系潘家七子，自幼无臂，以脚书写，同样遒劲有力，甚有气势。大光明戏院楼房门面仿造欧美建筑，有座位1 100多个，皆软皮座椅，行距约90厘米，华丽舒适，是当时汕头最好的正规化戏院，其在《汕头指南》上作的广告写："汕头第一电影戏剧殿堂，声光俱佳，座位舒适，设备堂皇，全市之冠。"

1950年后，戏院的工人组织"职工管理委员会"接管戏院，先后由李菊如、杨焕辉任"职管会"主任，主要经营电影，兼营戏剧。1956年戏院实现公私合营，以上演戏剧为主，潮、越、粤、汉、京、闽南诸剧种和马戏团都曾在该院演出。1965—1967年，大光明、大观园两家戏院实行联营。"文革"期间，戏院易名"红旗戏院"。1974年9月，因群众电影院改建，放映设备和部分人员移来大光明，放映电影，至1978年2月复名"大光明戏院"。

"三大"戏院的第三家是国平路的大观园戏院，系1929年由潮阳人李茂源集资创建，为贝灰结构建筑，占地面积近 2 000 平方米，座位 1 000 多个。其座位为阶梯式设计，戏院还有包厢，底层分前座、后座和边座，观众座位是以"千字文"为顺序排行码的，即是天、地、元、黄、宇、宙……为一、二、三、四、五、六行……大观园戏院内隔音极好，在没有扩音机的年代非常难得，每有新戏，往往一票难求。

1950 年后，政府接管大观园戏院，并派工作组进驻戏院。1952 年成立戏院联管处，为国营企业。1955 年，戏院扩建后花园，作为观众休息场所。"文革"期间，大观园戏院改名为"人民戏院"。1978 年 9 月，汕头市在大观园戏院举办"业余文艺会演出"，是"文革"后规模最大的一次全市性业余文艺演出盛会。1980 年恢复"大观园戏院"原名。

1984 年 8 月，为进一步招商引资，汕头市举办了为期十天的"鮀岛之夏"音乐会，把经贸活动推向高潮，受到各界的瞩目。这一颇具规模的音乐会主要演出场所就是在大观园戏院，潮汕本地和京、穗等地艺术家 1 400 多人参加了演出。在潮汕当地颇有名气的家庭乐团——刘和隆家庭汉乐社也是参加此次演出的团体之一，在演出中备受行家注目，《文汇报》《华声报》《南方日报》《羊城晚报》《汕头日报》等各级报纸均有专文评介，一时小有影响。

1959 年在排练大观园戏院演出《松柏长青》期间，潮剧院一团邀请剧中原型、革命母亲李梨英前来观看，讲述革命故事（马乔摄）

1962 年，潮剧演员在汕头大观园戏院小花园练功（马乔摄）

随着潮乐日渐盛行，潮汕地区从事汉乐技艺者越来越少，而以家庭为表演单位的更是少见，笔者家几代人组成的刘和隆家庭汉乐社，是一个值得一提的家庭娱乐团体。

刘和隆家庭汉乐社在"鮀岛之夏"音乐会演出后合影（陈嘉顺藏）

　　刘和隆家庭汉乐社是在刘和隆乐器店的基础上发展起来的。乐器店始创于清末（现位于揭阳市榕城区中山路），创始人刘才安。民国年间，才安之子刘先勤（又名汉清，是笔者的老丈①）继承父业。先勤嗜汉乐，性情豁达，待人和善，乐界中人喜与之交往，如琵琶名手丁鸿业、胡弦名手黄子涛、箫笛名家陈居、汉曲红脸陈来富、老生杨映青（人称为"杨师爷"），常聚乐于店中。儿女以家学濡染其间，七八岁孩子也能调和律吕、讴歌一曲。当举家合奏，先勤自操头弦，长男美城操胡弦，次子美鸿扬琴，三子美岳二胡，幼子美洲掌板手，女儿美琴、美卿分唱小生、小旦，诸孙辈则陪唱伴乐，各司其事，堪为音乐之家。自先勤故世后，内外儿孙 20 余人，恢宏先绪，通常每周数夜聚练不辍。于是器乐、唱腔行当配套齐全，且于古调名曲而外，自编《谯楼晓角》等多首乐曲。每当节目开演，分开献艺，声誉鹊起。1962 年中央新闻制作厂曾为录制新闻影片。1998年，在揭阳市庆祝改革开放二十年的汇报表演上，刘和隆家庭汉乐队一家三代二十余人，表演了汉乐合奏《山欢水笑家家乐》，荣获"揭阳音乐之家"称号。

　　无论是新华、新观、群众戏院，还是"三大"戏院，现在有的已拆除，重建成其他功能的建筑；有的即使保留原址，也早已停业。这些记录了汕头埠的风华往事并已离我们远去的戏院，既是见证文艺活动辉煌岁月的勾栏瓦舍，也是早已化作寄托海内外潮人情感的舞榭歌台。

---

　　①　老丈：潮汕方言，祖母的姐夫。

十一　当年工人文化宫

中国各地的工人文化宫是 1949 年后，在工人当家做主的历史条件下，由中央到地方各级工会组织创办及管理，以"职工的学校和乐园"为定位和宗旨的城市文化设施，可以说是中国现代化建设中的一大亮点，也是中国工人运动的一大特色。

汕头作为粤东中心城市，市工人文化宫是粤东地区最早成立的工人文化宫之一，于 1951 年 5 月 1 日创办，最初地点在居平路鮀江旅社大楼，以组织和吸引工人学习文化和开展文娱、体育活动为主。当时室内活动场地总面积约 2 000 平方米，设有图书室、阅览室、剧场、舞厅、艺术室、体育室、文娱室等。汕头工人们的许多大型会议，如汕头工人模范庆功大会、汕头首届及第二届劳模大会、汕头市第二次先进生产者代表会议均在这里举办。

1958 年 5 月 1 日，工人文化宫迁址汕头市利安路 62 号，新址占地面积 26 000 多平方米，为南北向长方形，东临人民广场，南临海滨路，毗邻汕头港国际客运码头。文化宫内有工人影剧院、图书室、

20 世纪 50 年代初的汕头市工人文化宫（《汕头首届劳模表彰大会纪念刊》载）

1972 年工人文化宫的老工人休息室"翠园"（王瑞忠摄）

棋艺室、文娱室、舞厅和乒乓球厅,还有溜冰场、球场、休息室等。1961 年,由汕头市建筑行业老工人设计、施工,经机关干部和文化宫职工义务劳动建筑起老工人休息室,并命名为"翠园"。

工人文化宫又相继建立了演员化妆室、演员宿舍、露天剧场、露天电影场、灯光篮球场、旋马场、展览馆、摄影院、笑嘻嘻乐园、招待所、茶座、健身场、培训中心、录像厅等,室内建筑面积约 7 000 平方米,并进行全面绿化,种有不少无花果树和桑葚树。之后,很多全汕头的专区性大会,如先进生产者代表会议、财贸系统标兵大会、女能手代表大会、技术革新和技术革命群英大会等都在工人文化宫召开。可以说,工人文化宫已成为汕头人表彰先进的一处神圣之地。

1967 年,接"广东省革命委员会"通知,汕头市工人文化宫移交汕头市文化局领导,汕头市文化馆、图书馆、博物馆并入文化宫。1971 年更名为"汕头市工农兵文化服务站",与中山公园合并。1973 年 7 月 23 日,"汕头市工农兵文化服务站"重归总工会领导,恢复"汕头市工人文化宫"的名称。那时的工人文化宫,平时都是免费开放,只有周末晚上才收每张两分钱的门票,如果是市级企业单位的职工,只要出示"工会证"即可免费进入。1973 年秋,汕头戏曲学校复办,这里又成为戏曲学校大型文艺演出的表演场所。1974 年,戏校学生在此参与拍摄电影《潮梅春光》,学生们表现阵容整齐、技巧纯熟,令人赞叹,一时传颂。

1974 年,汕头戏曲学校学生参与拍摄电影《潮梅春光》(《梨园春草》载)

工人文化宫在改革开放之前,可以说是汕头文艺活动最丰富的一个地方,从中央到地方的不少文艺团体、社会组织时常在这里举行演出或举办社会活动。一般演出地点设在工人文化宫内的工人影剧院。工人影剧院原先称为工人戏院,主要是演出潮剧和其他戏剧,后来增加了电影放映,也相应改称为影剧院。工人影剧院原有两层,分为前座、后座和楼座,共有观众座位 1 500 多个。后来又增加建设三层楼的化妆室和演员宿舍,总建筑面积 2 000 多平方米。其大门面向人民广场,设计壮观,颇具气势,汕头市内各单位的许多大型室外活动经常在工人影剧院外的空地上举办。

工人影剧院旁的灯光篮球场，与汕头体委篮球场一并成为汕头最具规模的篮球场。每逢周末夜晚，灯光篮球场常举办球赛，参赛球队都具一定实力，是当时汕头市民较多关注的体育赛事。灯光篮球场旁边就是工人文化宫露天电影场，每天晚上都会放两场电影，电影票价一角，也成为市民消遣娱乐的好去处。

1979年工人文化被获中华全国总工会、中华全国体育委员会授予"职工体育先进单位"称号，1983年被中华全国总工会授予"工人的学校和乐园"称号。随着改革开放的深入，1988年以后，工人文化宫集资把工人影剧院改造为一流影剧院，设立装饰雅致的咖啡厅、富有特色的歌舞厅、游戏厅、影视厅等多功能文化娱乐总汇；又改建露天灯光篮球场，恢复体育室、棋类活动室，修缮充实健身场、灯谜台、自娱自乐舞厅、图书馆、培训中心、招待所和餐厅，建设园林式星亭，并将围墙一带出租给沿街商店，使文化宫成为集学、乐、食、住于一体的多功能文化活动场地，许多汕头人闲暇时常与家人好友到工人文化宫一带活动。

20世纪70年代，汕头市十二中学队列操评比大会在工人文化宫影剧院前进行（《十二中50年纪念画册》载）

1979 年工人文化宫入口处广场（王瑞忠摄）

可以想象，这一时期，有着数十年历史积淀的工人文化宫，不仅是汕头人喜爱的精神文化乐园，而且在普及推广群众文化的工作中，逐渐成为汕头人民的学习中心，以及文体活动、休闲娱乐的中心，许多中小学校的户外活动也选择在这里开展，留下了一道道华美而又亮丽的风景。

1988 年汕头市外马路第四小学三（1）班学生在工人文化宫合照（陈嘉顺藏）

1993年，工人文化宫进行动工改造，原有建筑物全部拆除，汕头人对文化宫的记忆只能定格在一张张老照片上了。每当路过文化宫旧址，总是让人唏嘘不已，正是：

> 秋尽青山南海滨，寒风初起倍伤神。渡轮长笛催人促，绿瓦红墙别梦真。
> 最喜佳音传赛事，每怀春雨洗凡尘。高楼商肆暂迷眼，谁记当年老市民。

十二　人民广场故事多

人民广场在我国各大城市均有，如"上海人民广场""大连人民广场"等，这些广场不少是在20世纪60年代左右动工兴建并命名的，可以视作那个时代的城市记忆。

汕头人民广场位于现在汕头市金平区海滨路与市政府大楼之间，原是一片海滩。1956年夏，汕头市政府组织工人、机关干部和学生义务劳动填海，从东郊搬运沙土，于1958年建成，共填沙土24.4万立方米。人民广场面积10万平方米，集娱乐、休闲、文化于一体，以多功能、多景观、全敞开式地营造丰富的空间，不失为当年汕头市民一处休闲娱乐的好地方。1964年后砌筑成防潮石堤567米，辟通宽29米的广场大道与海滨大道相连接。东南西三面均辟林带，形成广场林带围墙，种植金凤、冬青、木麻黄、五叶兰、樟树等灌木1 429株，绿化面积3.5万平方米。西有工人文化宫和海运码头，东、西两侧有小型苗圃，北面中央建有主席台，中间是开阔场地。

人民广场全景照片（陈嘉顺藏）

刚建成不久的人民广场（陈嘉顺藏）

55

当年用沙土铺成的人民广场经雨水的冲刷和行人的碾压，地面坑坑洼洼，雨天泥泞不堪，晴天尘土飞扬。而到了每年秋收时节，每逢晴朗的天气，甚至有周边的农民在广场边铺开晒席，把未干的谷子放在晒席上晒。不过这毫不影响汕头人到广场休闲的热情。当时汕头公共活动场所并不多，人们在茶余饭后，喜欢到广场上锻炼。在广场中间开阔场地上，有人树起了四个足球门框，组成两个足球场，使足球成为广场上的主要运动项目。1965年3月，挪威商船足球队应汕头市体育部门邀请来汕，就是在人民广场进行友谊比赛，这是1949年以来第一支外国足球队到汕头访问，颇有影响。

挪威商船足球队来汕（《汕头体育老照片》载）

挪威商船足球队与汕头市足球队在人民广场比赛（《汕头体育老照片》载）

除足球之外，篮球、排球、羽毛球等也是广场上常见之运动，还有打拳、做操和跑步。由名医钟东发创办的汕头精术堂武馆，当年就在人民广场收徒授艺，弘扬国技，如今门徒已遍布海内外。无论是球类运动，还是打拳做操，大家互不干涉。各种球类运动者也会不小心踢着或撞到旁边的人，但只要不伤着人，不恶意踢人撞人，大家彼此都很友好，一笑了之。

那时，自行车还未成为普通家庭的固定交通工具，于是人民广场便有人出租自行车，为不少需要骑自行车的人提供方便。出租的自行车有十多辆，大多是凤凰牌和永久牌，规格都是28寸，出租的人把自行车摆放得整整齐齐，车把挤着车把，车尾挨着车尾。需要租车的人交付押金之后，就可将车骑走，而一些想学骑自行车的青少年，在租车之后，就把广场作为学车、练车的地方。

十年动乱中，人民广场上有时会突然热闹起来——经常开批斗会，被批斗者头上戴着高帽，胸前挂着牌子，被人押着在广场上接受批斗，批斗完了还要游街示众。来广场参加"斗争"的、看热闹的、观察政治动向的人混杂在一起。

如今尽管汕头成为经济特区，城市取得快速发展，人民广场依然是市民的主要运动场所。汕头各级政府、单位、个人都把精力集中在经济建设上，使人民广场成为展示汕头经济成果的一个平台，每年春节、国庆、元旦的展销会、博览会都在这里举行，彼时广场上人山人海，熙熙攘攘，热闹非凡。每逢周末休假，或是在这里开宣判大会的时候，广场上同样会聚集许多市民。

在这一时期，人民广场东、西两侧分别建起了两座雕塑——两群欢快的儿童各抬着一个海螺和一个蚌向海滨走去，海螺中淌着清澈流水，大家俗称它们为"粒螺""粒蚌"，雕塑周围是一棵棵大树，成为人们驻足休息的场所。同时越来越多的小贩在雕塑的周围随意摆摊经营，有人甚至为争夺摊位大打出手，在没有城市管理明文规定的情况下，这些小贩给管理人员造成了不少麻烦。人民广场又有很多卖零食的小贩，零食五花八门，应有尽有，甘草橄榄、油柑及形形色色的水果用竹签串成一串一串；生橄榄、瓜子、爆米花吃了口齿留香。令人印象最深的是卖南乳花生的小贩，他来自说"白话"的珠三角地区，用带有浓重的白话腔调高声叫卖："南乳花生、南乳花生……"抑扬顿挫的声调成为人民广场记忆中的一道另类风景。

在人民广场举行"毛泽东主席追悼大会"（郑鸿奇提供）

1978年，主席台两侧有大型毛主席语录牌，西面是工人文化宫的广场（王瑞忠摄）

1980年某天早晨，在人民广场主席台前打太极拳和打排球的市民（王瑞忠摄）

20 世纪 80 年代初，在汕头人民广场召开的宣判大会
（《汕头市志》载）

    汕头在二十世纪八九十年代的时候，不少学校还没有大型操场，人民广场边几所中学的一些大型运动项目便在这里举行。周边驻军有时候也把广场作为训练场，人们经常可以看到全身绿装的陆军士兵或身穿水兵服的海军战士在广场上操练军事技能。那时候的人民广场绿树成荫，即使在中午，在树荫下也不会被阳光直射。相比之下，改建后的人民广场虽更宽敞，枝叶茂盛的大树却都不见了，广场中央十多根直径一米余、高十多米的巨型花岗岩罗马柱形成半圆状舞台，整个广场显得空荡荡的，中午的阳光特别强烈，白天到这里活动的市民似乎也少了许多。

1996 年的汕头人民广场（王瑞忠摄）

现在白天到人民广场周围活动的人，大部分是来品尝美食的。美食有常见的粿面、粿汁、豆花等，而笔者则喜欢到一家甜品店吃莲子粥。吃莲子粥最要紧的就是一个"鲜"字，新鲜莲子煮成的粥，那独特的风味是干莲子无论如何也做不来的。甜品店老板在莲子收成的季节，每天都会购进一些新鲜的莲子，把鲜莲子取出莲芯后，清洗并放在锅中，放上糯米，文火慢熬，客人要的时候便盛一碗出来，加上一点糖，顿时满屋飘香，沁人心脾。食客围坐在矮桌旁，一口一口地尝，慢慢地品，往往一碗不过瘾，再来一碗，余味无穷。

十三　汕头湾上捕捞忙

捕捞是人类捞取鱼类和其他水产经济动物的行为，海洋里生活着数以万计的动物，成为人类食物的重要来源。有着漫长海岸线的潮汕地区，生活在这里的人民更是自古以来就致力于发展海洋捕捞事业。明代中后期，随着韩江三角洲继续扩大，光华埠以南一带的沙脊已露出海面，渔民在这里设栅捕鱼。万历初年，韩江口沙脊已积聚成片，被称为"沙汕头"，更多的人来此捕鱼，养殖蛤蚶。清初，沙汕头成为陆地。清嘉庆年间，船只聚集者日渐增多。道光元年（1821），诗人黄香铁曾由韩江入海游潮阳，夜泊沙汕头，有诗《沙汕头夜泊》："潮定编鱼堑，霜清遭雁天。虹霞通海市，人月守江船。庵埠渐无火，沙汕微有烟。夜航来一棹，惊起野凫眠。"这是道光初年汕头湾夜景的写照，此时距离汕头开埠尚有四十年，汕头湾来往船只仍以渔船为主。

据资料记载，潮汕沿海捕捞主要有拖网、刺网、钓鱼、敲罟及浅海杂渔捕捞等方式，而渔船名称则根据其所从事的主要作业命名，如拖船、刺网船、钓船、敲罟船等。虽然渔船的大小稍有不同，但在 20 世纪 80 年代之前，捕捞方式仍然沿用几百年不变的方式。相信有不少老渔船都曾在汕头湾游弋。

1923 年在汕头湾航行的渔船照片（美国南加利福尼亚大学图书馆藏）

1928 年在汕头湾航行的渔船照片（太古公司藏）

在古代，人们用渔叉刺鱼进行捕捞。现代人对鱼群的捕捞则主要靠渔网，有手抛网、缯网、刺网、跳白等作业方式。

用手工抛网捕鱼，是汕头湾捕捞的主要作业方式之一。来自榕江流域一带的渔船还组成了手抛网作业队，一般每队有 10～20 条小船，俗称"枋溪条"，每船两人，一人在船尾划桨，一在船头抛网。

1981 年，汕头妈屿附近的渔船（韩志光摄）

到了适合捕捞的水域，船队即摆开阵势，相继抛网，俨然天女散花；霎时间渔船又急速排成圆阵，缓慢收网取鱼。这种作业方式劳动量大而捕捞量小，每船每天的捕捞量不等，但至多也不过 20 公斤。也有单船进行作业的或单人在岸上抛网捕鱼的。

1984 年，汕头妈屿岛附近海域的渔船（韩志光摄）

1922 年，在汕头划桨前进的"枋溪条"
照片（美国南加利福尼亚大学图书馆藏）

1972 年在汕头湾的"枋溪条"渔船
（陈仲豪摄）

除了手抛网作业外，缯网也是渔民们主要的捕捞方式之一。缯网有定置式大车缯和流动式手缯网两种。定置车缯固定在堤岸上的适当位置，当潮水涨落时，将缯网放入水中，稍待片刻，将网提起，捞起水产品后，再将网放回水中。缯网用的渔网织成正方形，四周穿以网纲，然后用四根竹竿交叉成十字形，中央交点用绳扎紧，竹竿末端系于网的四角，利用竹竿的弹力将网张开，再用一根大竹竿或杉木，

20 世纪 80 年代初龙湖沟边捕鱼场景（王瑞忠摄）

将小端缚于前面四根竹竿交叉处，系上拉绳。作业时用大竹竿或杉木的一端置于岸边作支点，手持拉绳，将缯网缓慢放入水中。起网时用拉绳将网拉上水面。大车缯则用两根较大的竹竿或杉木，小的一端缚于前面十字竿交点，大的一端钻孔后，固定在堤岸操作架上即可使用。汕头湾的车缯作业一般是在冬春季，视鱼汛变化也往往作出相应调整。

刺网也称"莲网"，汕头湾的渔船一般都配有几种规格的刺网，每片网长100米左右，网线粗细与网目大小视捕捞的鱼类而定。作业时根据需要，多片网连接投放，网有沉、浮之分，沉的网捕底层鱼类，浮的网捕中上层鱼类，作业灵活。

1974 年汕头湾缯网捕鱼场景（王瑞忠摄）

1921—1923年，汕头湾内用"跳白"捕鱼的渔船照片（美国南加利福尼亚大学图书馆藏）

汕头湾在20世纪60年代之前还有一种称为"跳白"的捕捞方式，"跳白"使用的渔船狭长、平底、头尾尖细，载重仅几百公斤，一侧船舷斜插一片刷白油漆的薄板，板长约船的五分之四，宽为船宽的三分之二，其大部分伸出舷外，一般装在右舷。"跳白"往往于傍晚或夜间作业，单人坐于船尾划桨，使船向右侧倾斜、摆动，顺流快速前进，鱼类受惊而跃出水面，落到船上而被捕获。随着汕头湾鱼类减少，这种作业方式现已消失。

汕头湾过去有着广阔的滩涂，自然条件优越，是鱼、虾、贝、藻生长繁殖的优良场所，于是有不少人在海边滩涂地上螃蟹经常觅食、活动的地方设置地笼、甩笼等捉蟹工具。这些工具有倒须，蟹一旦爬进便不能爬出，每天取蟹数次，收成倒也可观。此外，在汕头周围，还有不少人工筑堤围起的养殖场，养殖虾、蟹、贝壳及鱼类。

1958 年养殖场上的竹排（韩志光摄）

改革开放之后，汕头东部海滩建起大量养殖场，养殖膏蟹、鳗鱼等经济水产，它们在出口外销的同时，更成为汕头人桌上的美味。

既然谈了汕头的捕捞业，就要谈一下"食海鲜"。在汕头，海鲜的烹饪方法多种多样，而用生炊烹制海鲜是最能保持其风味的，也是最令外地游客忘不了的。

1985 年的汕头经济特区珠池水产养殖场（王瑞忠摄）

1986 年的汕头经济特区珠池养鳗场（王瑞忠摄）

1986 年的汕头经济特区珠池养蟹场（王瑞忠摄）

生炊海鲜的主菜除了鱼，膏蟹也令人回味无穷。生炊膏蟹选用的鲜蟹须是刚上水的，将蟹清洗干净后，斩出蟹螯放在盘底两边，将蟹肉切块放在蟹螯上面，再把蟹壳放在蟹肉之上，然后用白肉丁、姜片和葱头放在蟹上，再加上盐、水、绍酒、川椒拌匀淋上，放进蒸笼蒸煮 10 分钟取出，去掉姜片和葱头，更显得色泽鲜艳、造型美观、蟹肉肉质鲜嫩，口感清爽，食用时配上浙醋，甜而微酸，色、香、味俱全。生炊鳗鱼的方法和膏蟹同样，先将鱼斩成块状，再放于盘上，盖上姜丝和葱条，放在蒸笼内蒸 15 分钟左右，取去姜丝和葱条，再淋上白猪油，配上酸梅酱佐食，甜而微酸，口感甚佳，色、香、味俱全。

膏蟹和鳗鱼都富含蛋白质，营养丰富。过去物资紧张的时候，一年到头也难得吃一次，而如今这些水产品的价格并不十分贵，花几百块钱就能一饱口福。以前整天盼着吃生炊海鲜，现在又怕吃太多营养过剩，想想令人感慨。

十四　消防往事忆民国

火灾与消防是一个非常古老的话题。火灾是一种不受时间、空间限制，发生频率很高的灾害，随着人类用火的历史而伴生。以防范和治理火灾为目的的消防工作（古称"火政"）也就应运而生。随着经济、社会的发展，火灾的次数随之增加，而消防防治、消防技术也随之不断发展。

民国三年（1914），汕头埠供应自来水后，便在主干道开始铺设消防栓。至

汕头市巡警局瞭望
台（《潮梅现象》载）

1934 年，汕头埠共有消防栓 182 个。民国五年（1916），汕头埠巡警局在外马路成立，配有消防员40 名及摩托灭火机等消防设备。1923 年，由汕头市商会资助，巡警局建立了一座五层楼的钢筋混凝土结构的消防瞭望台，设警钟一口、报警讯号灯六支和报警旗四面，有人员全天候值班，并采用不同报警器以适应夜间报警。一旦发现火情，瞭望员就会立即敲响警钟。这使其成为当时广东省继广州之后第二套比较完整的消防系统。当时汕头分为若干个区，值班人员以敲几下钟来表示哪个区发生火灾，消防员听到钟声后即出动救火。

民国十七年（1928），国民政府公布《中华民国刑法》，在第十一章中专设消防条款。随后，政府不断出台各类消防法规及细则，如《京师警察官厅组织令》《地方警察厅组织令》《扩充消防组织大纲》《各级消防组织设置办法》等，各地消防法规也相继出台，上海、广州、武汉、重庆等城市均制订了详细的消防法规，汕头也在市政厅成立后不久制定了建审制度、防火禁令、火险管理、抢险救灾、防空救火等各方面的消防细则，为城市消防工作打下基础。据统计，至二十世纪二三十年代，汕头市警察局属下有一支专业消防队，除此之外，一些善堂和大商行也自置消防设施，组建消防队，全市有各式救火车 10 辆，其中最大型的消防机构是存心水龙局。

1922 年 8 月拍摄的存心水龙局外貌照片（蔡木通提供）

存心善堂早在清光绪末年就成立了灭火队"存心水龙局"，是汕头较早成立的民间救火单位。消防员由义工组成，既有善堂工作人员，也有社会人士，共计100多人。《汕头存心善堂堂务报告》记载水龙局在1932年至1948年共出动灭火218次，为抢救民众的生命财产作出了很大贡献。此外，在地震、风灾等自然灾害发生时，存心堂的消防员也经常出现在抢险第一线。

存心水龙局最早的建筑是一座坐东向西的三层楼房。水龙局楼房建成后，存心灭火队将灭火设备也放置在水龙局。清末民初的存心灭火队配备有十多支老式消防水枪，水枪用黄铜半机械制造，长约1.5米，出水口直径不足1厘米，重2~3公斤，水枪外用竹片包裹。使用时需将底部吸水部位放入水缸或其他盛水的容器中，消防员用手握紧枪头，上下挤压，就能从枪口处射出十多米远的水柱。灭火时，一些消防员负责射水，另一些则负责不断地为盛水容器供水。虽然水枪的单支射水量不大，但数十支一起发射，威力就体现出来了，相比人工泼水救火，水枪不仅射程远、省力，而且危险性小、经久耐用，可不间断地射水，成为当时较为科学、先进的灭火设备。

二十世纪二三十年代，随着汕头城市的发展，商铺云集，而当时汕头的建筑特别是民居多以木屋为主，曾发生德记洋行大火、阜安街大火等多宗火灾，造成严重损失。存心水龙局老旧的消防设备已无法应付新的火灾隐患，人们遂发起募捐，以更新消防设施。据《汕头存心善堂堂务报告》："水龙局创设于前清光绪末季，当时为旧式抽水机，本堂同人以汕头华洋杂处，市政日臻繁荣，马路开辟，市区扩大，为适应环境需要，特发起募资购置新式摩托救火机，及筹建新水龙局。"

存心善堂及存心水龙局外貌照片（蔡木通提供）

在社会各界和海内外华侨的支持下，存心善堂募集到银圆 19 801 元，于 1927 年正式筹办存心水龙局大楼，1929 年大楼落成。新的水龙局大楼在四楼平台也建了一座瞭望台，与斜对面的警察局瞭望台隔路相望，直到 20 世纪 90 年代才拆除。

当时，从升平路与外马路交界处即可望见这两座瞭望台。

存心水龙局建成不多时，汕头商会通过在汕头经商的德国商人帮助，从奥地利购买了一辆消防车供汕头诚敬善堂救火之用。这辆消防车是敞篷式，车轮为木制轮辐，外包橡胶轮胎，没有照明灯也没有警报器。主要消防设备是以汽车内燃机动力联动机动离心泵，每分钟出水

20 世纪 50 年代两座瞭望台的照片（陈嘉顺藏）

1 360升，可同时供 2～3 支水枪使用，车上还装有登高旋转梯，供高层救人使用。在今天看来，这辆消防车功率不算大，性能也不佳，却是当时最先进的消防车，它的出水速度、出水量和射程已基本能够满足当时汕头埠救火之用。

当时从国外购回先进消防车是件重大新闻，当消防车抵达汕头时，社会各界人士纷纷前来一睹风采。参观消防车的人有警察、驻地官兵，还有西装革履的商界人士、穿长袍马褂的社会贤达和政府官员等上千人。于是，汕头一似摄影拍摄了这张观车照片。

存心水龙局先后在 1939 年和 1943 年也添置了两辆消防车。其中一台是由摇臂、水泵、喷嘴三部分组成的手摇式水泵三轮消防车。这辆车的左前方还吊了一个钟作为警笛，钟声响起即是通知集结出去，消防车和灭火队员立即出动。车的摇臂上插一根木棍，两边各站数人，上下摇动摇臂，使水泵抽水加压，高压水就可以从喷嘴射向起火点。车上配套工具齐全，有数十米长的消防喉，配合木叉举起，能将水柱射到 20 米外。在火势太大、人不能靠近时，都由这辆车向前冲锋灭火。这类消防车 20 世纪 60 年代还在使用。直到 20 世纪 70 年代，中国引进现代消防汽车，老式消防车才逐渐退出历史舞台。

抗战胜利后，汕头市政府设立了警察局消防队，将各善堂消防队纳入警察局统一管理，并制定《汕头市警察局统一指挥汕市各善堂义勇消防队计划草案》《汕头市警察局统一指挥本市各善堂消防队实施办法》《各级消防组织设置办法》等规章条例，主导全市的消防工作。1950 年，汕头公安机关接管了存心水龙局，

整编队伍，在此基础上组建汕头市公安局消防队。至此，存心水龙局完成了它的历史使命。

汕头诚敬善堂新消防车照片（许毓亮提供）

汕头诚敬善堂新消防车照片（许毓亮提供）

三轮消防车照片（蔡木通提供）

十五　江畔小影引遐思

在笔者个人的旧照片中，有一张摄于韩江堤边一堆沙堆上。照片中远远的对岸是汕头民权路，还有一座扇形的欧式骑楼巍然耸立，这是民国年间汕头星华日报社、现在的汕头印刷厂所在地。这张照片是爱好摄影的舅舅用他的海鸥120相机为笔者拍下的。

笔者童年时在韩江边的留影（李少波摄）

这张照片，总是让笔者想起很多。

1860年汕头开埠，经过半个多世纪的发展，汕头已成为一个思想活跃、舆论多元的社会，新闻事业也日新月异，是仅次于广州的广东第二报业大埠。而另一方面，缅甸著名侨领胡文虎独具慧眼，把握时机，投入资金、人力发展报业。1931年7月10日，他在汕头万安街独资创办了《星华日报》，该报社址后迁至新马路永安堂，1935年又迁至民权路韩江边这幢专为报社建造的新楼。

胡文虎先生六十五岁像（《胡文虎先生六十五岁生日特刊》载）

韩江边的胡文豹大楼、胡文虎大楼交相辉映（陈传忠藏）

　　《星华日报》社大楼上有一只豹的雕塑，汕头人因之俗称其为"胡文豹大楼"，它与俗称"胡文虎大楼"的永安堂制药厂（永安堂大楼上有一只虎的雕塑）两座建筑，交相辉映，以中西合璧的建筑造型和恢宏壮观的气势，成为汕头埠的标志性建筑物。20世纪50年代初，两座大楼上的虎豹雕塑分别被拆除，胡文豹大楼"胡文虎大楼"这两个名字却依然留在汕头人的记忆中。《星华日报》停刊后，"胡文豹大楼"改作《汕头工人报》社址，1954年后又成为国营汕头市印刷厂，胡文虎大楼则在1950年后作为多家运输单位的办公场所。

新旧大楼并立的汕头印刷厂（陈嘉顺藏）

笔者外公和胡文豹大楼有很大的渊源。他是印刷厂里的技术骨干，正因此，笔者有很多机会在印刷厂走走看看。记忆中的印刷厂大楼，入门处正对着一间值班室，值班室一边是一条转折而上的楼梯，一边是通往后边厂区的小门，值班室下面还有一个地下室，有一条楼梯可上下，笔者在印刷厂度过了许多欢乐的时光。据说即使是当年"7·28"特大台风，地下室也干燥如常。由于印刷厂是外公一家很多人就业的地方，爱好摄影的舅舅就用他的海鸥120相机为笔者摄下了这张以印刷厂为背景的照片。照片中的韩江堤还只是石篱堤，堤边多处堆着沙堆，又有不少土方搭建的小房子，照片中即有一间。每天总有不少工人在堤边小房子周围劳作，将土夯成一块块长方形的土方，运到汕头埠作为建筑材料。再到后来，印刷厂为适应发展，购置不少新的机器，厂方在大楼旁又盖了一栋六层楼高的新楼，成为韩江旁的一处新景观。

1982 年，从乌桥岛东望的印刷厂大楼（王瑞忠摄）

第二章 交通运输

一 早已远去的帆影

帆船即利用风力前进的船，它是人类与大自然作斗争的一个见证。帆船的历史几乎同人类文明的历史一样悠久。

帆船一般包括船体、帆、桅杆、横杆、稳向板、舵等，还有缭绳、斜拉器、滑轮等配件。帆船的核心构件是桅杆，传统的帆船桅杆使用的是木质的长圆竿，从船的龙骨或中板上垂直竖起，支撑横桁帆下桁、吊杆或斜桁；大帆船的帆还分为主帆和前帆，主帆是升在主桅杆之后的帆，而前帆则是安装在主桅杆前面的帆。利用帆推动的船有一个必要条件，就是要能灵活调整船头方向，一般是通过使用安置在船尾的"舵"来实现的。成语"见风使舵"，讲的正是操纵舵来调整航向。

20世纪初汕头美璋照相印制的明信片上，汕头港海面点点风帆与机器大轮船交相辉映（陈传忠藏）

潮汕人民使用帆船的历史非常悠久，人们普遍使用帆船运输或捕鱼。潮汕的帆船按大小分为红头八卦、大八桨、大乌底、大圆尾等多种，每艘帆船的载重量多则三四千担，少则一千担左右，遇六七级的强风，帆船还能安全航行。在这些帆船中，清代频繁往来于东南亚和潮汕之间的红头船最为突出。红头船一般长约二十米，宽、高各五六米，有五至七个船舱，航行区域十分广阔，北至江浙，东到台湾，南至越南、泰国、新加坡等地，每年秋冬出航，春夏之间返航。在樟林港不断枯涸的同时，汕头港逐渐兴起，并迅速成为韩江流域唯一可以停泊机器轮船的港口，取代了樟林港的地位，停泊在汕头港的众多船只中，其中就有许多帆船。光绪元年（1875）之前，英、德、美、法等国航行至汕头港的船只还有不少是帆船，光绪三年（1877）之后，外国帆船越来越少，以至绝迹，汕头港海域出现的帆船均是本国所有。20世纪初汕头美璋照相印制的明信片上，汕头港海面点点风帆与机器大轮船交相辉映。

而与上图同一时期，停泊在汕头太古码头边的帆船，可以见到放下风帆的船上，露出高高的桅杆。

20世纪初停泊在汕头太古码头边的帆船，已经将帆放下，露出高高的桅杆（陈传忠藏）

1906—1907年，汕头太古公司码头边，同样停泊着许多露出桅杆的帆船。

1906—1907年，太古公司汕头办公室及码头（太古公司藏）

潮海关税务司辛盛在《1882—1891年潮海关十年报告》中指出，从韩江上游地区南下的六篷船，船体宽、底平，船头弯弯翘起，其特点是用篙撑船使船航行，船工们从船头顶点起步，握篙撑船，竹篙紧抵肩膀，身体几乎形成水平线，一直跑步撑至船尾，船就这样得到了可观的前进速度。但六篷船受水深的限制很大，而帆船由于利用风力作用，既节省了人力，又能根据风向调整行驶，保持船只稳定航行，且不受水深浅限制，与韩江内河的船形成鲜明对比。进入民国之后，往来汕头港的帆船与前别无二致，依然乘风破浪地前行。

20世纪10年代，汕头回澜桥边韩江水道上，繁忙的人们来往于帆船和岸边（陈传忠藏）

美国南加利福尼亚大学图书馆的照片数据库中，有一张关于汕头海面上行驶的帆船的照片。照片摄于1923年，照片中有两艘双桅杆帆船和一艘单桅杆小帆船，正向妈屿口方向进发。船上依稀可见正在操纵桅杆的船工，船上未见货物，从照片的标注可知这些帆船是渔船。照片的背景是礐石山边几幢洋楼，大概是英国领事馆和太古公司的产业。

另一张摄于1928年的太古公司照片，由于当年取景的局限，停泊在汕头港的太古公司轮船显得很小，倒是一艘自西向东行驶的双桅帆船成为照片的主角。

20世纪30年代，汕头港迎来史上发展的最高峰，其商业之盛，一度跃居全国第七位，港口吞吐量曾居全国第三位，平静的海面也成了大批帆船停泊休憩的避风港。

1923 年汕头渔船照片（美国南加利福尼亚大学图书馆藏）

1928 年汕头轮船照片（美国南加利福尼亚大学图书馆藏）

即使在汕头沦陷当日，大量的帆船仍航行在海面上，被侵华日军的随军记者摄入照片中。

侵华日军在汕头外的新津河与运行的帆船相遇的照片（《日军侵略潮汕写真》载）

光阴荏苒，到了改革开放初期，各类帆船还是频繁地进出汕头港，有运货的，还有捕鱼的。

1977 年，在韩江梅溪东岸玻璃厂——华侨糖厂附近江面行驶的帆船（王瑞忠摄）

1978 年，在梅溪杏花桥附近江面行驶的帆船（王瑞忠摄）

1980 年，在汕头港入口处妈屿海域行进的帆船（王瑞忠摄）

1983 年汕头开放初期，在妈屿岛边行驶的帆船（王瑞忠摄）

时光如梭，汕头港现在已见不到帆船，最后一艘帆船是何时离开汕头港的，也无从知晓。但可想象到的情景是，汕头港里，从大轮船旁边穿插而过的帆船，显得非常渺小，这正成为传统时代向现代化转型的生动写照。

二 栈桥连接船与岸

汕头港在开埠以后，在很长一段时间里，都是整个韩江流域唯一可以停泊机器轮船的港口，因此得到迅速发展，成为粤闽赣交界地区最大的港口。当时的轮船抵港后，无法直接停泊在码头边，货物需通过驳船装卸驳运。在这种情况下，栈桥作为港口交通所需的配套设施，就显得非常重要。

栈桥是形状如桥的建筑物，一般设在港口、车站、工厂等场所，用于装卸货物、旅客往来、施工交通的临时桥式结构。栈桥由桥墩、桥台、跳板梁等部分组成，结构与普通桥梁基本相同，不同的是桥梁的梁部结构和轨面固定不动，全部跨越河面、江面等；而栈桥只伸入水域一部分，其梁部结构和轨面可随水位的涨落而升降，轨面坡度也可随之调节。在传统时代，栈桥采用的材料基本是木材。栈桥的下部结构为木桥墩，上部为木板，桥墩和桥台是支撑栈桥上部结构和荷载的构筑物。桥台在栈桥靠岸一侧，与马路、堤岸、码头等相连。

由于汕头因港而兴的特点，不少传世的老照片上都有栈桥的身影。汕头港的第一座木栈桥是招商局于1892年建造的，至1939年，汕头港内共有木栈桥六座，其中属太古公司名下的有四座，分布在怡安街口、中栈巷、太古43号栈和招商横路太古货仓，其余两座分别为怡和公司和招商局所有。

20世纪初的怡和洋行码头及栈桥，汕头美璋照相印制（陈传忠藏）

拥有汕头三分之二栈桥的太古洋行是一家老牌英资洋行。1872年，太古公司在中国设立太古轮船公司（China Navigation Co. Ltd.）。20世纪初，太古洋行的船只和吨位均为在华外国轮船公司首位。作为华南地区重要港口，太古洋行于19世纪70年代就在汕头设立分公司，开办轮船仓库，从事进出口贸易以及保险业务，经营从东北重要港口牛庄运豆饼和大豆到汕头、再从汕头载糖北运的航线。如今，在该公司网站上的老照片中，有不少是拍摄汕头景物的，其中就有当年的栈桥。在1906—1907年，从太古公司的办公室可以望到太古码头上的栈桥以及大轮船停泊在栈桥旁边的场景。

"Wharf from Butterfield & Swire office，Swatow 1906 – 1907"（太古公司藏）

"Swire's lower property in Swatow"（太古公司藏）

"Ship berthed at Swatow"（太古公司藏）

　　而在同一时期，从轮船上向太古码头和办公室望去，则可更清楚地看到整条栈桥的形状。

"Butterfield & Swire office & frontage in Swatow 1906 – 1907"（太古公司藏）

　　无独有偶，新加坡的陈传忠先生也收藏了几张汕头太古洋行码头的照片。这些照片既有日本山口洋行发行的明信片上的，也有汕头美璋照相、新光照相馆印制的，时间从 20 世纪初到 20 世纪 30 年代不等。虽角度不同，但都可以看见当年的太古码头、太古洋行的仓库和办公室，太古洋行的栈桥也同样让人印象深刻。

20 世纪初太古码头、太古洋行的仓库和办公室照片（陈传忠藏）

20 世纪初汕头美璋照相印制的太古码头及该洋行的仓库和办公楼（陈传忠藏）

20 世纪 10 年代汕头日本山口洋行发
行的太古洋行栈桥明信片（陈传忠藏）

20 世纪 30 年代汕头新光照相馆印制的
太古码头和栈桥明信片（陈传忠藏）

由于汕头每年多有台风影响，濒临海岸的木栈桥首当其冲，经常受到损坏，特别是数次强台风正面登陆之后，木栈桥几乎全部被毁。1922 年"八二"风灾之后，汕头港包括太古码头在内的多处码头受严重破坏，木栈桥也都支离破碎。这从潮汕历史文化研究中心收藏的《风灾相图》中可见一斑。

汕头太古码头"八二"风灾灾后图
（蔡木通提供）

汕头渣甸（怡和）码头灾后图（蔡木
通提供）

尽管"八二"风灾给汕头带来重大损失，但到了 20 世纪 30 年代初期，在度过全球经济危机之后，汕头港的贸易又重返高峰，太古洋行的业务也得到更好的发展，更大吨位的大轮船频繁停泊在汕头港，太古公司所修筑的栈桥更加牢固。这情景同样可以从太古公司网站上的老照片中见到。

右图是 1933 年韩江流域前来接驳的小木船整齐地停在栈桥旁等待大轮船卸货，

"Steamship，hulk and junks in Swa-
tow"，1933 年照片（太古公司藏）

对岸是隐隐约约的礐石山，估计是黎明时分拍摄的照片。

另一张照片摄于 1934 年。太古码头的木栈桥上，几十位搬运工人或坐或躺，正在等待搬货，表情轻松。在照片中，栈桥的内部结构一览无遗，连同栈桥的尺寸也可大致估算出来，给我们身临其境的感觉。

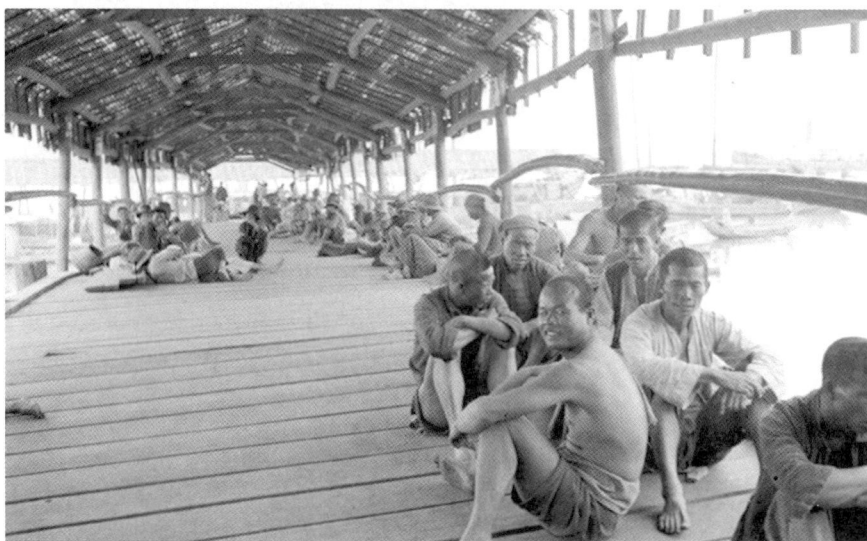

"Waiting on a jetty，Swatow"，1934 年照片（太古公司藏）

1940 年在同一位置，由于太古洋行属英资企业，虽然汕头被日军占领，但当时日英两国尚未交战，太古码头依然人山人海，往来贸易活跃。当货船到达时，搬运工人们便涌到栈桥接口处，等待货物的到来。

"Queue at jetty，Swatow"，1940 年照片（太古公司藏）

此外，秦风老照片馆编著的《影像民国（1927—1949）》（广西师范大学出版社2009年版），也收录了一张汕头港的照片。照片的说明文字写道："20世纪30年代，港务繁忙的汕头码头。汕头原为一渔村，历史上属于潮州府澄海县。英法联军之役后，英国人选择在汕头进行贸易，不久汕头开市，并以其优秀地理位置，发展迅速，逐渐超越潮州城区，成为粤东经济中心。"拿这张照片与上文所述的照片、明信片对比来看，该照片中远处的栈桥，应该是太古洋行四条栈桥之一。

汕头港热闹交易场面及远处的木栈桥照片（秦风老照片馆藏）

汕头港作业区（王瑞忠摄）

　　随着时间的推移，木栈桥已不能适应新时期的要求，逐渐被淘汰。1950 年之后，汕头港仅剩下招商横路太古货仓的一条栈桥。此后经过几十年的更新发展，汕头港不断扩大轮船直接靠泊码头的装卸作业能力，通过机械装卸作业，提高了劳动效率，再次展现出汕头港生机勃勃的雄姿。

1987 年的汕头港（王瑞忠摄）

汕港之晨（王瑞忠摄）

三 图说汕头黄包车

东洋车子布油篷，不设前帘爱晓风。

外马路通内马路，与郎一面太匆匆。

这是清末民国期间，广东著名学者温丹铭写的《汕头竹枝词》中的一首。诗中描写的是当年黄包车在汕头穿街过巷的情景。在新加坡陈传忠先生主编的《汕头旧影》中，收录了多帧摄有黄包车的旧照片，让我们又重新认识了这种逝去多时的交通工具。

黄包车，即人力车，因其发源于日本，所以也称东洋车，是一种依靠人力拉动的交通工具。黄包车一般有两个轮子，上有座位，可坐一名乘客，由车夫在前面拉行。1913 年，上海租界规定，公共人力车需漆成黄色，后在车身涂黄漆成为各地人力车的特征，黄包车也成了人力车的代称。

黄包车的车斗、车杆、担子、帆顶，皆用木材制成（帆顶也可用竹来制作）。车轮起初是木材制成，后来改用钢材制成，车轮上的挡雨帆是铁片制的；车轴是钢材制的；帆弓铁、脚踏铁是用铁制的；钢弓是用几块钢片制的；车灯、脚踏钟是铜制的；车帆顶用帆布刷上桐油制成；后来改用皮革制成。车斗座位部分配上一块坐垫，内用弹簧、竹丝垫满，靠背同样装上弹簧、竹丝，车斗座位左右侧也装上竹丝，使乘坐者乘坐起来感到柔软舒适。座位的车斗套上可拆下清洗的白布，即是温丹铭先生诗中提到的"布油篷"。车斗外面及车杆全涂油漆，光滑美观。

汕头最早的黄包车出现在 1901 年，汕头海关及怡和洋行、太古洋行、汇丰银行等从香港购进 6 辆黄包车，每辆时价银圆 150 多元，并雇人为车夫，作为代步工具。此后，美孚、亚细亚、德士古等各洋行、各机关部门和商行，也先后从香港、上海购进黄包车并雇人为车夫以代步，汕头埠黄包车日渐增多，至 1912 年已有黄包车 60 多辆。

进入民国之后，汕头开始有商人将黄包车出租给车夫上路营业。1918 年，汕头的黄包车发展到 200 多辆。1919 年，泰国华侨陈永祥在汕头崎碌康乐（即现在新兴路、外马路段）开办永祥人力车公司，向政府承标纳人力车捐饷，限定出租人力车 300 辆，每年缴纳承标饷款银圆 1 800 多元。永祥公司出租黄包车每辆每天租金 4 银毫，至 1920 年车租提升为每天 4.5 银毫，之后还准备提升为 5 银毫，但因遭到黄包车车夫们联名反对而作罢。

清末潮海关马路上的黄包车（陈传忠藏）

清末在台湾银行旁边行驶的黄包车
（陈传忠藏）

20 世纪初在崎碌路上的黄包车（陈传忠藏）

20 世纪 20 年代在永平路上行驶的黄包车（陈传忠藏）

1921 年，黄包车车夫陈娘丙、李才泳等人发动群众合股来承标人力车捐饷，设法开办黄包车公司，以免被随意提升车租。于是，陈娘丙、李才泳等人与商人陈普益商谈合股投资，准备与永祥公司竞争投标人力车捐饷。经过活动，人力车车夫每人出资 10 元，共集资 6 000 元，再由陈普益出资 6 000 元合股，成立合群普益人力车公司，于 1922 年向市政当局投标得中，每年承标纳饷款 1 900 多元，期限 3 年。1923 年，合群普益公司已有人力车 320 辆，租金每天 3 银毫。合群普益人力车公司地址设于福安街口，后来迁于同平路、五福路口对面。

1925 年，人力车承标捐饷为联泰公司夺得，每年向市政当局纳捐饷 2 100 多元。同年，各洋行和政府机关以及各大商行相继从泰国购进新型的私家黄包车，淘汰旧式的木制车轮黄包车。这些新型人力车造型美观，车轮用钢板作轮圈，用 40 条钢线支撑轮圈，再套上充气的轮胎，行驶起来快捷轻便。此时黄包车的租金也上涨，新型黄包车车租每天 7 银毫，旧车每天租金 6 银毫。

20 世纪 20 年代在安平路上的黄包车（陈传忠藏）

20 世纪 20 年代在至平路上的黄包车（陈传忠藏）

1927年，各雇主又准备提升车租，激起黄包车车夫们的愤怒，引发了向政府请愿的风潮。政府为了平息事态，主张双方各派代表进行协商。经双方协商，车租不提升，改按车的新旧评定等级，新车每辆每天收租金7银毫，较次者每天收6银毫，破旧者每天收5银毫。从此，汕头黄包车的发展进入平稳时期，至1938年，全市黄包车发展到700多辆，从业人数有1 300多人。

1939年6月，汕头沦陷。日本侵略军侵占汕头后，日军和汉奸们乘坐黄包车，到处挥舞日伪五色旗，大肆庆祝。

日伪人员乘坐黄包车，挥舞五色旗，大肆庆祝（陈传忠藏）

20世纪40年代，在伪汕头市政府门口候客的黄包车（陈传忠藏）

20世纪40年代，在伪汕头市善后委员会门口候客的黄包车（陈传忠藏）

当年9月，由马彦亭等12位车主联合成立人力车公会，共有黄包车450辆。这些黄包车出租前要收押金，押金多少按车的新旧而定。最多的收"储备券"100元，破旧车也可免押柜金，但需担保人担保。车租按车的新旧好劣而定，每天收8角、7角、6角不等。1949年9月，汕头解放，当时全市共有760辆黄包和1 200多名车夫。1950—1951年，汕头总工会失业工人救济处将困难补助白米2万多斤分发给车夫，又于1951年先后安排两批共400多名车夫转入搬运公司各个作业区为搬运工人，推荐一批青年车夫转入政府行政部门工作。1952年，潮汕实行全面土改，为了安置黄包车车夫的生活，政府先后动员500多名黄包车车夫转业回乡，并按家庭人口发给转业补助金。留下来的220多名黄包车车夫的生活也进一步得到改善，并安定下来。

1954年，汕头市搬运公司将6辆三轮车维修后试运营，受到乘客的欢迎，大大鼓舞了人们发展三轮车的信心。至1955年，三轮车的数量发展到50多辆，黄包车逐步被淘汰。1957年，汕头市三轮车已增至147辆。同年底，汕头的最后一辆黄包车正式告别营运。从此，黄包车结束了它在汕头埠半个多世纪的历史使命。

四　渡通商埠南北岸

汕头开埠初期，汕头湾南部的礐石仍属潮阳县管辖。而外国领事馆及别墅、洋楼多择址于礐石，人员往来较多，使轮渡日益频繁。那时礐石的海旁路已是海边，外国人在这里居住或办公的非常多。他们大多早上乘船过海到对面汕头埠工作，下午返回礐石休息。而由于礐石多山，许多汕头人将逝世的家人安葬在礐石各处墓区中，使清明前后成为轮渡生意最好的时段。

据《汕头交通志》记载，礐石划归汕头后，轮渡一直承载着两岸往来的重任。1950年后，汕头过海轮渡从组织机构建设到基础设施建设都有很大发展。到1953年，汕头市建设局接管了汕礐海渡，成立国营汕头轮渡公司，到1965年底，轮渡公司共有5艘渡轮共557客位，航行西堤至礐石航线，年客运量约161.25万人。1976年1月，轮渡公司开辟了广场至礐石的航线。

1981年9月的汕头西堤渡车码头改建工程暨十二车渡船通渡剪彩典礼（王瑞忠摄）

改革开放后，轮渡发展较快，1981年9月的汕头西堤渡车码头改建工程完成，十二车渡船也投入使用。

截至1986年年底，轮渡公司共有渡轮8艘，其中木质船3艘，钢质船5艘，共3655客位，客运量达672.2万人次。

1986年，满载集装箱的渡轮航行于汕头湾（王瑞忠摄）

西堤码头照片（《汕头市志》载）

1992 年起，过海轮渡正式向大型化发展，1995 年新造了大型游船 "金凤" 轮 1 艘，"玉兰" 号交通船 1 艘以及高速船 2 艘。至 2000 年底，轮渡公司共有渡轮 8 艘，游艇 4 艘，共 5 000 余个客位。当时坐船的人非常多，尤其是清明节前后或是周末。渡船靠岸后，工作人员一打开栅门，熙熙攘攘的人群便涌上渡轮，场面十分热闹。

人山人海的渡轮（张烈华摄）

　　轮渡公司原先经营的固定航线除西堤、广场至礐石这两条航线外，还有1979年开始营运的广场至妈屿海上旅游航线。此外，1992年游轮"金凤轮"投入使用，又开辟"海湾夜游"这一航线。此外，轮渡公司还建造了一艘有50多客位的小型游轮"金鸥轮"。

　　随着城市发展，建桥是必然趋势。海湾大桥于1995年12月建成通车，礐石大桥于1999年2月建成通车，但这两座跨海大桥的先后通车，并未给轮渡经营带来太大影响。据轮渡公司统计，1995年到2004年，广场轮渡每年的营业额在1400万到1800万之间。1993年以前，每一年政府对轮渡都有投资和补贴，而从1994年到2004年，随着轮渡运营实现创收，政府不用再投入资金，这段时期也成为汕头轮渡史上的黄金时期。

　　2005年1月1日起，汕头市试行路桥收费"年票制"。"年票制"实施后，原本驾驶摩托乘渡轮过海者，多改从礐石大桥渡海，而潮阳、潮南、濠江等地的客运班车则可以直接开进市区，经礐石换乘轮渡者也大为减少。2005年1月份，即"年票制"实施后的第一个月，广场至礐石航线轮渡的营业额即从120万锐减至80万。西堤至礐石航线出现同样问题，2004年西堤渡口的客流量达到100万人次，摩托车车次达30万辆；但2005年，渡口客流量下降至50万人次，摩托车车次仅剩3万多辆，轮渡公司的经营逐渐陷入困境。

　　据汕头市轮渡公司总经理葛东江介绍，近几年来，随着城市公共交通的不断发展，私家车日益增多，轮渡公司的经营更是举步维艰。西堤至礐石航线于2012年停航，停航原因除了客流量逐年萎缩外，码头淤泥堆积是另一个重要原因。没有及时清理的淤泥壅塞，使轮船无法靠岸，轮渡公司只得每半年就投入几十万元清挖淤泥。而投入这笔资金，对于经营惨淡的轮渡公司来说是一笔巨大的负担。现在广场至礐石轮渡的营业额也逐年减少，每月仅有20多万到30万的营收，但各种营运成本却不断增长，使轮渡公司每年亏损100多万，经营已难以为继。

　　随着经济社会发展及机动车数量的快速增长，城市陆路交通拥堵问题日益突出。水上交通是城市立体交通的重要组成部分，当代已有不少城市考虑通过发展水上交通，来缓解陆路交通拥堵问题。作为汕头"一湾两岸"的主要交通途径，广场轮渡如同"水上巴士"，见证了汕头埠百年来的交通变迁，不仅成为汕头交通史的见证，更应该成为汕头未来城市交通生活的一部分。

　　正如汕头"e京社区网"上的一篇介绍轮渡的散文所言："每当18：00的钟声响起，最后一班广场轮渡就会驶向对岸，为当天的航行画上完满的句号。这时，太阳还没完全隐藏，刚刚停靠妥当的渡船伴着温暖的光，还散着些余热。码头很安静，只是海面上不时有来往的渔船激起的层层涟漪簇拥着轮渡，而轮渡就在这欢快的水花中安睡到天亮。睡醒了的轮渡，又是另一番景象，装载的不只是形形色色的乘客，还有那些或忙碌疲惫或悠闲自在的心。汕头广场轮渡，你坐过吗？"

五　一座桥梁一故事

"桥"本义是指一种高大的树，因为够高大，砍下来就足够放在河面，连通两岸，方便行人。随着技术的进步，桥逐渐成为跨越峡谷、山谷、道路、河流、其他水域或其他障碍的大型构造物。

潮汕平原水网交错、溪流纵横，为桥的建造提供了独特的自然地理环境，同时也使造桥工艺得以在当地流传与发展。潮汕知名的桥梁既有"中国四大名桥"之一的湘子桥，也有万里桥、和平桥等流传着许多美丽传说的古桥。下面就以汕头埠为例，谈谈近代以来桥梁的故事。

汕头开埠后，韩江下游的梅溪及其分流厦岭港，连同后来人工开凿的洄澜新溪，其隔岸往来者，长期以小船摆渡，颇多不便。民国初年，为方便行人，经本地商人努力，先后兴建了内乌桥和外乌桥，均为杉木结构的生活便桥。后又相继建成洄澜桥、耀华桥、榕耀桥，并将内乌桥改建为同济内桥。这些桥在机动车辆不多的情况下，大多都兼有交通功能。然而部分桥梁年久失修，至1949年，外乌桥与耀华桥两座木桥已塌毁。

20世纪初的汕头埠，石头和木材是最重要的桥梁建筑材料，建造木拱桥的设备有水架柱、手绞车等，均为木制。汕头埠最初的几条桥都是木拱桥。木拱桥由桥台、桥身（包括拱架、桥面）组成，有单拱、双拱和多拱之分。建桥时，两岸需有坚固的堤岸，以便砌筑桥台之用；再选择两岸较窄处，以减少桥的跨度。确定选址后，先是在江边用石块筑墩或在岸边平地做船形墩；再拉起一条桥的中轴线，然后在江底沿着桥中线抛石块，成为江底的矮石堤，作为桥墩的基础；再利用潮汐涨落，在石堤上树立木桩作为桥墩。同时为固定桥墩，则在石堤上培植牡蛎，这种浅海里常见的生物能用它的分泌物把石块牢牢地胶结一体。

从简单的独木桥到钢筋水泥桥，建桥的材料也从以木料为主，过渡到以钢筋水泥为主，这是一个漫长的发展过程。到了民国后期，汕头埠多用钢筋水泥建造桥梁，并有了专业的建筑工厂。如位于汕头市政府东边的信合营造厂，其在《最新汕头一览》上的广告如下：

敝厂不惜巨资，新置大椿船一艘，长六十尺，阔廿五尺，设备完全机械化，计有六十匹马力之油渣发动机一具，蒸汽发动机一具，蒸汽起重机一具，螺旋起重机二具，四十尺高工字铁椿架一具，旋转自由，便利无比，以之起重打椿，建造石灰码头、桥梁、敷设水鼓、安置铁锚，或作他项水上建筑工程，均最适用，凡各洋行、商号、会社、机关，如有上述水上建筑工程，请移玉至敝厂接洽，无任欢迎。

从广告中，我们能够了解这个营造厂的设备，可以想象其建桥时所采用的工艺技术，接下来也就能够了解汕头埠几座桥梁的大致建筑过程了。下面就逐一简单介绍一下乌桥、光华桥、洄澜桥和解放大桥的情况。

乌桥位于洄澜新溪出海口上段，南岸接同平路，北岸连同济直路。桥初建时为木结构，桥身通漆黑色，故称"乌桥"。1921年秋由同济善堂出资3万元改建成钢筋水泥结构。桥全长60.8米，桥面宽5.45米，于1924年1月建成，改名同济内桥。

1972年6月15日夜，汕头暴雨，江水猛涨，桥被激流冲塌。同年11月1日动工重建，由广东省建筑设计院设计，汕头市政建设公司承建，至1973年9月15日建成通车，共投资72万元。桥为钢筋水泥单臂悬梁结构。主桥长63.38米，桥面宽13米，其中车行道宽8米，两侧人行道宽各2.5米，桥中孔通航标高1.56米，桥下净高3.4米，平均高潮水位0.464米。设计荷载能力为汽车13吨，拖载60吨。主桥两端均为引桥，南端长63米，北端92米。"文革"期间，新桥被命名为"红桥"，1979年恢复旧名。

光华桥位于厦岭港出海口，南接同济直路，北接光华路、西港路。该桥前身为耀华桥，杉木结构，后塌毁。1950年，汕头市政府拨款重建为生活便桥。1953年增设桥柱以提高承载力，改建为全长80米、桥面宽5米的交通桥。

1961年的光华桥（王瑞忠摄）

1961年8月27日，光华桥为洪水冲垮，同年10月修复，修复的光华桥可通行载重2吨的车辆。1964年1月，广东省建筑工程局投资115万元，将该桥改建为钢筋水泥高桩承台T型梁结构，该工程为广东省建筑设计院设计，由广东省第二建筑工程公司承建施工。改建后的光华桥主桥 3 跨，长 90.4 米，桥面宽 10.5 米，其中车道宽 7 米，两侧人行道各宽 1.75 米，引桥南端长 57.96 米，北端 62 米，桥下通航标高 1.3 米，桥净高 4.5 米，平均高潮水位 0.464 米，设计荷载能力为汽车 10 吨，拖载 60 吨。

　　洄澜桥位于梅溪下游洄澜新溪上，南岸接民族路，北岸接火车路，原桥建于 1923 年，为钢筋水泥结构，全长 34.2 米，宽 12.2 米，其中车道宽 8 米，两侧人行道各宽 2.1 米。桥以溪名，但因为其比"乌桥"晚建，所以大家习惯称其为"新桥"。

在洄澜桥上准备进攻汕头埠的日军（《日军侵略潮汕写真》载）

1964 年的洄澜桥（王瑞忠摄）

1967 年，涸澜桥塌毁，由汕头市政府出资 60 万元重建，经汕头城建局设计，省二建公司承建施工，于 1968 年 9 月建成通车。新桥为钢筋水泥双曲拱结构，主桥跨 3 孔，长 50 米；桥面宽 14 米，车道宽 9 米，两侧人行道各宽 2.5 米；南端引桥长 89 米，北端引桥长 73 米，南端东侧引桥至印刷厂前长 60 米，北端西侧引桥至面粉厂前长 55 米。主桥下净高 3.3 米，平均高潮水位 0.46 米。设计荷载能力为汽车 10 吨，拖载 60 吨。

1982 年的涸澜桥
（王瑞忠摄）

解放大桥位于梅溪下游厦岭港，南岸接火车路，北岸接杏花路、潮汕路。该桥前身为 1908 年前后潮汕铁路公司临时搭建的梭船活动浮桥，1935 年改建为钢木结构桥。桥身为钢梁钢柱承架，桥面用杉木铺设，主桥长 78.93 米，桥面宽 14.2 米，其中车道宽 10 米，两侧人行道各宽 2.1 米。因该桥系潮汕铁路公司出资兴建，便以该公司主事人张煜南（榕轩）、张鸿南（耀轩）兄弟之名命名为"榕耀桥"。

在榕耀桥前作战的日军
（《日军侵略潮汕写真》载）

在投入使用了几十年之后，处于交通要道的榕耀桥已不适应发展需要，且于1965年发生桥面塌陷。汕头市政府遂于1966年投资59.8万元，由汕头市城建局设计、市政公司承建，对榕耀桥进行改建。1967年建成通车，改名为"解放大桥"。该桥为钢筋水泥双曲拱结构，主桥4跨，长154米，桥面宽13米，其中车道宽9米，两侧人行道各宽2米；南端引桥长为154米，北端长为142.5米，桥下梁底标高6.3米，平均高潮水位0.46米，设计荷载能力为汽车10吨，拖载60吨。

1965年的榕耀桥（王瑞忠摄）

1978年从潮汕路杏花旅社楼顶眺望解放大桥景象（王瑞忠摄）

除了以上几座以交通为主的桥梁外，汕头中山公园的正门拱桥、玉带桥、九曲桥同样颇具特色。这些以观赏、游玩为主要功能的桥梁，在建筑工艺上与以交通为主的桥梁并无不同。

中山公园正门的拱桥（陈传忠藏）

中山公园玉带桥（陈传忠藏）

中山公园九曲桥（陈传忠藏）

　　在过去，建桥时要有择日动工、祭拜河神、踏桥开路等一系列的活动。在新时期，人们往往通过举行通车典礼来庆祝新桥建成通行。

光华桥通车典礼（王瑞忠摄）

　　一座桥梁往往承载着非常多的故事，无论是过去还是现在，汕头埠的一座座桥梁早已成为汕头人心中一道道美丽的风景。

六　潮汕铁路开先河

铁路是近代以来陆上主要交通设施之一。汕头开埠后，以其可以从海上远达南洋的地理优势，商业日益繁荣。为方便陆上交通，从 1888 年起，美、日的一些机构就曾计划修筑潮汕铁路，但均未实现。20 世纪初，在"收回利权""实业救国"的思想影响下，华侨纷纷集资回国兴办企业。汕头埠就先后建有潮汕铁路、汕樟轻便铁路。

潮汕铁路兴建者张煜南和张鸿南兄弟，是 19 世纪末 20 世纪初印度尼西亚的著名华侨实业家。张煜南（1851—1911），号榕轩，广东梅县松口人。张煜南少时在松口做米谷生意，后抵达巴达维亚（雅加达）谋生。1878 年，他与张弼士合资开办笠旺公司，垦荒种植橡胶、咖啡、椰子和茶叶，还合伙开设银行。经过 10 余年的锐意经营，张煜南逐渐成为棉兰地区华侨社会中的首富，荷兰殖民者因此先后委任他为华人"雷珍兰"（"甲必丹"副手）和"甲必丹"（荷兰语"kapi‐tein"，意为"首领"，协助殖民政府处理侨民事务），成为棉兰地区公认的华侨领袖。张鸿南（1860—1921），号耀轩，于 1880 年抵达棉兰地区投奔其兄，不久被委任为企业总管，负责管理账目。张鸿南工作勤恳，赢得当地华侨社会的信任，因此当张煜南被提升为华人"甲必丹"时，他也被委任为华人"雷珍兰"。

1895 年，张煜南继张弼士之后出任中国驻槟榔屿副领事。此后，他被清政府授予二品顶戴花翎、四品卿衔、四品京堂候补等头衔。1903 年，张煜南回国，他向清廷提出在韩江下游修建潮汕铁路的计划和筹划中的潮汕铁路公司章程，称："方今回家举行新政，首先铁路为大宗。"提出汕头"为潮州咽喉要隘"，可"招香港、南洋各华商及洋籍人集股开铁路，名曰潮汕有限公司。"当时全国各大铁路均系筹借外款修建，路权尽为他国人所夺，朝廷也希望"其小枝分路，若有华商集股兴办，亦足为保持利权之一助"，且认为"此路本轻利重，华商不难自力"。因此，清廷批准张氏等集股商办此路。

1903 年 12 月，潮汕铁路有限公司正式成立，潮汕铁路也开始进行详细规划。准备兴建的潮汕铁路南

潮汕铁路开车纪念图（《张榕轩先贤逝世一百周年纪念文集》载）

起汕头，北迄潮安，后来又加筑了意溪支线。路线确定后，清廷即派著名工程师詹天佑前来实地勘测，全部工程建设费以及路轨、机车、车厢及站台建设材料等由英国怡和洋行估价，计需 180 万～190 万元。据此，张煜南兄弟邀集亲友认股，股额定为 300 万元，其中张氏兄弟各认 100 万元，吴理卿、林立生合认 100 万元。张煜南为创建首总理，吴、谢、林为倡建总理。

潮汕铁路自 1905 年开始动工兴建，轨道从潮州府城起筑，终点至汕头，铁路干线计 24.4 千米，加支线、岔道合计总长约 32 千米。1906 年 10 月竣工，铁路全长 42.1 千米，沿途在庵埠、华美、彩塘、散巢、浮洋、枫溪等地设站，主要车站为汕头站、庵埠站、彩塘站、潮安站，使用进口的车厢和车头。潮汕铁路遂成为中国近代史上第一条由华侨投资兴建的纯商办铁路。

列车抵达汕头车站，20 世纪 10 年代汕头日本山口洋行发行的明信片（陈传忠藏）

列车停靠在火车站内，站台上的旅客准备上车，汕头日本山口洋行发行的明信片（陈传忠藏）

拍摄于 1913—1923 年的潮汕铁路照片（汕头大学基督教研究中心提供）

20 世纪 10 年代的汕头火车站，汕头日本山口洋行发行的明信片（陈传忠藏）

1920 年的汕头火车站站前广场，日本大阪神田原色印刷所印行（陈传忠藏）

抗战爆发后，日军对中国大陆实施经济封锁。1938 年 10 月广州沦陷，汕头成为华南地区最后一个可以对外联系的口岸，大批海外物资均由汕头港转运中国内地。为切断中国的补给通路，日军加紧了对中国运输线的攻击。1939 年 6 月16 日，潮汕铁路遭受日军飞机的轰炸。

潮汕铁路的机车上加搭了多层的竹架（《日军侵略潮汕写真》载）

　　为防止铁路落入敌手，潮汕铁路被广东省保安处和第四战区汕头前敌指挥部下令拆毁。

占领潮汕铁路后的日军（《日军侵略潮汕写真》载）

侵华日军行走在潮汕铁路线上（《日军侵略潮汕写真》载）

　　潮汕铁路从 1906 年通车至 1939 年拆毁为止，共存在了 30 余年。在这期间，它对韩江中上游和闽赣交界区的华侨及侨眷进出汕头、当地的客货运输和城乡经济的繁荣都曾起过重要作用。如今贯通潮州和汕头的潮汕公路路基，就是依照当年的潮汕铁路线修筑的。

侵华日军踏过被破坏的桥梁，沿铁路线从汕头向潮州侵犯（《日军侵略潮汕写真》载）

　　除潮汕铁路外，汕樟铁路也很有影响。《潮州志·交通志》载："入民国后，汕樟轻便铁路、汕潮电车铁路相继建成，极一时之盛。"

　　汕樟轻便铁路筹建于民国四年（1915），由大埔人杨俊如与萧亦秋倡议并募资 22.5 万元，于次年成立汕樟轻便车铁路公司，杨俊如任总经理。据当时出版的《岭东概况》中《汕樟轻便铁路一览》一文介绍，汕樟轻便铁路是路基所辅的复线小铁轨，路轨宽度 19.5 英寸（约 0.495 米），重量为 12 磅（约 5.443 千克），枕木用松木或杂木制成。轻便车没有传统意义上的车厢，其乘客座位用藤、竹等制成，形若肩舆，置于台车之上。底下装着四个小铁轮，后有两根斜木棍，上面钉着一条横木，由两个车夫手按横木，使用人力推动车走。车分特别、普通两种，特别车左右各坐两人，普通车前后坐四人。开动时，后面的两个车夫推着车跑。当车走得快时，车夫便利用车走的惯性，站上车板的后边；车走较慢时，车夫又下车推行。沿站各设候车地方，一来一往两车相遇时，如有双轨则各依其线路推行，否则就得一车让路。彼时乘客下车，车夫把车抬出，移落地面，让迎面车过后，再将车抬上铁轨，继续推行。

汕樟轻便铁路，美国海军摄于 1920 年（《汕头城市山水》载）

汕头埠至樟林约 30 千米，却横隔新津河、外砂河、莲阳河、东里河 4 条韩江支流，因此汕樟轻便铁路只能分段建设，在河边设站，到站下车搭船渡河，渡河后又再换车前行。民国七年（1918）汕头埠至澄海下埔站轻便铁路通车，民国八年（1919）11 月延伸到外砂站，民国十二年（1923）1 月再延伸到澄海站，随后又延至莲河站埔尾新乡，全长 18.5 千米，总站设在汕头埠盐埕头（今中山路的同益市场门口），沿途设站近 10 个，有金砂、东墩、浮陇、鸥汀、下埔、外砂、澄海及莲河等站。

据陈楚金先生研究，鼎盛时的汕樟轻便铁路公司有特别和普通车厢共 200 架，推车工人约 180 名，运载旅客和货物。工人采用三七分利制，如每日每辆收入车资 1 元，工人可得 3 角，公司得 7 角。民国十一年（1922），工人因工价问题罢工，公司方只得作出让步，工人每日的工金由 3 角增至 3 角半。工人除照章日得总收入之三成半外，并无额外分红。唯每逢农历除夕、元旦两天及冬节、清明等客最多之时，方可对半平分。

潮汕轻便铁路汕头站周围，昔日原为坟冢荒地，随着市政建设的发展，逐渐成为繁荣之区。民国二十二年（1933）8 月，政府以市区内不宜设立车站为由，将站台迁郊外；又因车轨横越中山公园门前，阻碍交通，被限令拆除。时逢抗战爆发，汕樟轻便铁路随战争而消失……

七　公车影像证变迁

中国最早的公共汽车出现在上海，而汕头作为沿海港口城市，同样是公共汽车较早出现的地方。王瑞忠先生的《鮀城旧影》中，有多帧旧影中出现了公共汽车的身影，让我们见识到了几十年前的公车影像。

1924 年，汕头埠即有公共汽车行驶，系广华隆行车公司购置的 6 辆四缸福特汽车，车顶盖帆布，乘客从车后部上下车，单线行驶于火车站至崎碌之间。不久因客源稀少，亏损 10 万余银圆而停运。至 1933 年，汕头市政府成立了长途汽车管理处，负责管理公共汽车，并实行招标承办，收取承办费或行车捐饷，并由警察局派员稽查，具体运营则仍由私商负责。同年 5 月，汕头善利长途汽车公司承办一条自永平路头起、经升平路至崎碌吴厝祠、全长 1.5 千米的公共汽车线路。1934 年 3 月，政府采取行政手段，要求私营汽车公司派车联营，行车线路有 2 条：一是自永平路起，经升平路、外马路至崎碌时中学校；另一线是起自火车站，经新马路、升平路、永平路、外马路至小公园。汕头沦陷后，公共汽车停运，市民出行只能乘坐人力车。抗战胜利后，1946 年初，汕头市内公共交通由通安汽车公司承办，共有公车 5 辆，行车线路与此前相同，一直维持至 1949 年底。而民国时的公车票价均为单次零售，价格不等。在 1928 年至 1934 年票价较稳定，每人 0.1 元；抗战胜利后，物价飞涨，货币贬值，如 1947 年 11 月每人需 2 500 元，至 1 月后即上涨为 3 500 元。

1949 年以后，公交车逐渐由公管私营转向公管公营。1950 年 5 月以前，由汽车同业公会组织私营汽车公司派车联营，尔后转由私营的丰乐汽车公司经营。1952 年 10 月起为广东省运输局汕头汽车运输总站经营。1953 年 12 月，地方国营汕头市公共汽车公司成立后，实行盈利交地方财政、亏损由地方财政补贴的包干办法，车辆设备购置与站场设施等基建投资则由计划部门批准后在城市维护费中列支。1956 年 10 月，财政拨款 2.3 万元，购置 40 座新客车 1 辆。1957 年 7 月再拨款 9.6 万元，购置 50 座新客车 3 辆，另由政府拨给 1 辆，共有汽车 7 辆。是年 9 月，增辟劳动线路 1 条，从潮汕汽车站起，经新马路、升平路、小公园、安平路至西堤码头，全程2.4千米。这条线路贯通汕头埠南北，且与水陆对外交通线连接。1958年3月，外马路线路延伸接中山路、新马路、经小公园、升平路、永平路，再回外马路，循环行驶。这一时期，公车票价从原来的人民币0.1元调整为以1.4千米为一段，每段收0.04元；坐2段收0.08元，坐3段以上收0.1元，儿童收半价。

1960年后，汕头的公共汽车发展至10辆，1963年汕头又制定《标价管理暂行办法》《成本管理制度暂行办法》等一系列规章制度，使公共汽车的经营更加规范。在王瑞忠先生的照片中，也出现了公共汽车。

1966年至1971年，汕头埠的公车数量与线路均无增加。1972年后，汕头的公共汽车逐年增加。至1976年底，共有汽车40辆，营运线路6条，专车线路2条，总长51.81千米，年客运量1776万人次。

1965年，一辆从外马路邮电大楼前驶过的公共汽车（王瑞忠摄）

1978年从潮汕路杏花旅社楼顶眺望解放桥至老市区一带，一辆公共汽车正在桥面上行驶（王瑞忠摄）

1977 年至 1978 年初，再辟若干专车线。至 1980 年，公共线路都按实际营运进行调整。

这时期，汕头出现了挂接公车。这类公车以两节车身来增加载客量，并在两节车身间加设可伸缩的接合位置（类似火车车卡之间的接驳部分）以辅助转向。

1979 年，正在汕头小公园前转弯的挂接公共汽车（王瑞忠摄）

1980 年，汕头市的挂接公共汽车（王瑞忠摄）

从 1963 年 6 月起，各路公车先后实行月票制。1966 年 12 月，汕头市物价办调整公车月票价，划分两种，一为市区 3 条线路通用月票，票价 3 元；另一为全市包括市区和郊区月票，票价 3.5 元。调整后的票价于 1967 年 1 月起施行。月票制至 1980 年 2 月全面取消，乘客乘车一律购买零售票。

1980 年后，随着汕头城市建设的发展，公共汽车线路不断调整、延伸和增辟，在这期间的前后几年，汕头公交车运营每年均盈利数万元。1983 年，汕头公共汽车公司进行机构改革，推行各种承包责任制，实行包安全、包服务质量、包票款收入、包油耗、包修理的"五包制度"。至 1985 年 2 月，汕头共有 1、2、3 路三条公交线路，分别配有公车 6、5、7 辆。1 路起点在长平路粮食局对面，终点在西堤，长 5.5 千米；2 路起点在小公园，终点在金砂中路特区商场前，长 6.2 千米；3 路起于西堤，止于飞厦住宅区，长 7.25 千米。此后，汕头的公车数量和线路不断增加，至 1985 年底，共有公交车 73 辆。市区每 6 000 人就有 1 辆，运行线路 8 条，总长 68.7 千米，促进了汕头新旧城区之间、市区与郊区之间的联系。

随着汕头经济特区范围的扩大，交通日趋活跃，公共汽车也顺应发展，公共汽车公司投入新双层公车进行运营，车身上也喷上彩色广告，让人感受到汕头这座百载商埠的浓浓商业氛围。双层公共汽车即是车厢分上下两层，使载客量更大。一般车长 10 米并容许站立的单层公车可载客约 60 位，而长度相近的双层公车则能运载约 130 位乘客。

1980 年在解放桥上行驶的公共汽车（王瑞忠摄）

1985 年在汕樟路上行驶的公共汽车（王瑞忠摄）

1995 年在汕头行驶的双层公共汽车（王瑞忠摄）

从 1965 年至 1995 年，王瑞忠先生摄下的这些汕头公共汽车照片，已成为一幕幕难忘的旧景，记载着公共汽车在汕头不断发展的历史缩影，见证了汕头城市变迁的步伐。

八　木船穿梭汕头港①

中国的舟船文化历史悠久，源远流长。密布的河网和漫长的海岸线，使南方人很早就"以船为车，以楫为马"，丛林溪谷之间"习于水斗，便于用舟"。在传统时代的东南沿海地区，水运凭借其便利易行、运费低、载运量大等天然优势，在承运大宗货物方面较之陆路更为便捷，尤其是在铁路及公路等陆运设施修筑以前这一优势更为明显。水运的勾连与海上交通网的编织，无不以舟船作为媒介。在蒸汽轮船出现之前，木制航船一直是韩江流域运输的主要工具。

汕头开埠以后，汕头港作为韩江流域唯一可以停泊机器轮船的港口，便有大批轮船进驻。而韩江上行驶的木船往往满载韩江沿岸的土产，顺流而下，在汕头码头卸下，再接驳轮船载来的货物。

在新加坡陈传忠先生收藏的老照片中，出现了不少木船的身影。

20 世纪初，汕头海关验货场内的木船照片（陈传忠藏）

20 世纪初，汕头码头边停泊的木船，香港 M. Sternberg 公司印制（陈传忠藏）

---

①　本节与林瀚合作。

20 世纪 20 年代，汕头潮海关前的木船（陈传忠藏）

20 世纪 20 年代，汕头的韩江出海口的照片，可见江上停泊了多艘木船（陈传忠藏）

　　通过这些图像资料，我们可以对当年航行于韩江之上的木船有一个直观的印象。一般来说，船篷位于船的尾端，船头则用来放置货物。一般船篷较高的船，内部也相对宽敞，人的活动空间也较大，往往人货混载。

"Journey on the river, in a Hakka boat, from Moiyen to Swatow"（美国南加利福尼亚大学图书馆藏）

而船篷下空间较为逼仄的，则更偏向于载送货物，这样的船可以从太古洋行网站上的老照片中清晰地看到。

1933 年的汕头仓库及码头外船只（太古公司藏）

在《1882—1891 年潮海关十年报告》中，海关税务司辛盛就航行于韩江之上的篷船有过详细描述："外国人普遍叫它'纸船'，中国名称是'六篷船'。它主要用于从嘉应州及邻近地区运来纸和木炭。这种船体宽、底平，船头弯弯翘起有十尺之高。因为用篙撑船是推进航行的手段，船工们由此获得了巨大的动力。他们从船头顶点起步，握篙撑船，竹篙紧抵肩膀，身体几乎形成水平线，一直跑步撑至船尾。船就这样得到了可观的速度。"

民国年间，由邹进之倡修、温廷敬纂的《大埔县志》卷九《交通志》中，对篷船的类型、载重量、往来航线、运载货物类别、船主籍贯等情况有较细致的描写，这些船基本上都航行至汕头港：

哨马船，船头略翘而阔大者，载重甚巨，多供盐商雇运盐斤，其上水航行多赖南风之力，篙撑极迟，本邑各埠船式如高陂船、梅潭船、漳溪船及各处村市墟，皆略同此类。

岐岭船，船头翘起，高至六七尺，意殆为利便上滩而设，行驶此式篷船者，多为五华人，县内大小河，所有市场皆有此船，行驶时常来往潮汕运载货物。

平头船，船头极平，而船腰反隆起，行驶此船者亦多五华人，其船线多由潮汕往梅县以上，来往本县各墟市者比较为少。

五肚船，行驶此船者，多潮安人，故邑人多呼之曰福佬船。船式与上列各船截然不同，船腰树桅樯二杆，悬挂风帆，不置硬篷，故不便搭客，所有行驶邑内者，皆系到各村口岸收买柴炭土产运往潮州销售。

银溪船，头尖而身长，行驶颇快，县内各市场皆有之，其身之小，与专驶银溪者无异，故有此名称，载重仅可二千觔以内，或容四五人而止，船腰或有篷，或无篷，颇不一定，大抵不通航各埠，仅备来往客商临时雇用。

在 1908 年潮海关监督康普金所写的《汕头常关地位与工作报告》中，对内河民船也有一些描述，可能是海关工作报告的缘故，该报告对各船所运货物的类别更为关注，并做了较为详细的介绍，据此可以作为上面所引文献的补充：

八桨船，最大载重量 1 000 担，往返于汕头、揭阳、普宁、和平之间，往汕头大多运载食糖，返程运载豆饼和洋杂货。

客家船，载重量从 100 到 300 担不等，从嘉应州运来神纸、鞭炮、神香、柿饼，返程运载洋杂货。

五肚船，最大载重量 300 担，从府城运来纸、麻皮、粗瓷，返程运载洋杂货。

四肚船，最大载重量 100 担，从府城运来糖蜜，返程载人粪尿。

尖头船，最大载重量 50 担，从府城周围乡村运来粗瓷、蔬菜、水果，返程载洋杂货。

竹竿塔和驳艇，最大载重量 40 担，是港内运输小船，有时也将洋杂货运往内地。

由韩江上游起，下至意溪的一段江面，为木材集散之所，"竹林之盛，以岭东论，当首推大埔之高陂，上自宋翁坑、下至黄竹居，沿河一带，四十余里，产箖竹为最多，相传有伐不尽高陂竹之谣，可见年有二三百万元之出息，亦非全虚"。丰顺县也盛产竹，"有凤尾竹，俗呼甕竹，大可盈尺，高二三丈，色黄秀美，状似猫竹，凡船篙、风帆竹，皆用其材，邑属韩江岸多有之。……箬竹，俗呼叶子竹，野生山中，高二三尺，茎小而叶大，邑北鄙村民终年采其叶以为生，晒干结束成把，谓之叶脯，运销潮汕为船篷、雨笠、糖篓材料，其利甚薄"。丰富的林木资源为造船业的发展提供了充足的原料。长汀所产油杉就适合做船桅杆，郑丽生有诗句云："长汀油杉十丈长，为梁为栋为桅樯。"以松、杉木板造船体，用竹子、竹叶编织船篷以遮日挡雨，俗称"篷船"。这些船的船舱垫以木板，既可装货，又可以让船员在舱面上休息。从上面谈到的老照片中可见一斑。

当时潮汕人为了运载更多的货物，则制造了与客家地区不同类型的航船——五肚船，因其船主多为潮安人，当地亦把这船称为"福佬船"。在《汕头旧影》

一书中，一张相片中的船的构造似与"福佬船"的相符。

汕头太古码头及太古洋行仓库前的航船，由香港 M. Sternberg 公司于 20 世纪初印制
（陈传忠藏）

美国南加利福尼亚大学图书馆的相片数据库中，也有一张关于汕头港的相片
可供参考。该相片的拍摄时间大致在 1918 年至 1922 年间，海湾里桅樯林立，大
致反映了民国前十年汕头湾泊船的繁荣景象。

1921 年，汕头码头上的渔船（美国南加利福尼亚大学图书馆藏）

随着 1939 年 6 月汕头沦陷，侵华日军对进出汕头港的木船进行严格检查。而当汕头至潮州的公路被中国军队切断之后，日军便征用民用木船，从汕头沿韩江向潮州运送军用汽车。

侵华日军在汕头内河河道上搜查过往木船（《日军侵略潮汕写真》载）

日军征用民用木船从汕头沿韩江向潮州运送军用汽车（《日军侵略潮汕写真》载）

在传统社会，木船是韩江流域民众生活中不可或缺的交通工具，韩江流域的人员和物资流动很大一部分是通过木船来完成的。通过对资料进行收集及对比，可以发现停泊在汕头港的木船型制多样、功用各异，这些木船或渡人，或运货，其运营实态已经为我们展现了当年汕头港的水运网络图景。

Premières communiantes chinoises, Swatow (Chine)
Chinese first communicants, Swatow (China)

第三章　宗教信仰

一　汕头天主教往事

天主教传入潮汕，已有 300 多年的历史。清顺治七年（1650）西班牙"多明我会"传教士杜士比、丁热力、欧巴泽等便到澄海盐灶传教。清康熙五十九年（1720），西班牙"多明我会"传教士到惠来葵潭石门坑村（距葵潭约 9 公里）传教。至道光三十年（1850），潮汕地区的传教事务由宗座外方传教会的传教士接替。清同治九年（1870），天主教传入汕头埠，首先在镇邦街附近设立小教堂，使之有了立足点。光绪五年（1879），法籍神父布撒克来潮汕兴建教堂，创办学校和育婴堂，为潮汕天主教的发展打下基础。

光绪三十一年（1905），天主教教徒以教徒陈牡爷家（即今红星一巷）暂作祈祷点；次年由陈牡爷、刘金鲤（澳头人，外轮船长）、卢克昌（潮安仙乐乡人）等人倡议，众教徒捐资帮助教会，并请法籍神父都必师主持建设教堂。至1908 年建成面积约 400 平方米的旧式贝灰结构教堂一座，定名若瑟堂，并在教堂北面建了几间旧式楼房作为神父楼。

兴建中的若瑟堂，20 世纪初明信片，法国天主教传教士都必师神父印制发行（陈传忠藏）

已建成的若瑟堂，20世纪10年代明信片，法国天主教传教士都必师神父印制发行（陈传忠藏）

在教堂右旁门后壁上，立有一块建堂碑文，刻有捐款教徒芳名，并写明教会今后每年应为上述捐款者做一台弥撒，以示永久纪念。

汕头天主教会在天主教的行政上原先合并于广州教区，属宗座外方教会传教区。民国三年（1914）4月6日，汕头从广州教区划分出来，自成教区，统辖潮安、潮阳、揭阳、饶平、惠来、澄海、普宁、南澳等地。翌年晋升法籍神父实茂芳为首任主教，于汕头设立主教公署。各地本堂区也相继划定，分为东线（澄海、饶平、南澳）、西线（潮安、揭阳）、南线（惠来、潮阳）、北线（揭西、普宁），并派驻固定任堂神父。

1918年建成的天主教主教楼，20世纪10年代明信片，汕头日本山口洋行发行（陈传忠藏）

同时，由建筑工程师、法籍神父龚善传主持设计，在汕头外马路96号又兴建一座主教楼，于民国七年（1918）建成，是汕头第一座钢筋水泥结构的建筑。该主教楼占地面积约为360平方米，高四层，建筑面积1 433平方米。后再扩建后楼、厨房及花园，成为汕头教区的领导中心。

风灾后主教楼
前一片狼藉的崎碌
路和完好无损的主
教楼（存心善堂藏）

主教楼经历 1922 年"八二"风灾等多次自然灾害依然完好无损，当时的本堂暨当家（管财务）是法籍神父和敬谦，副本堂是神父林欣然（揭阳霖磐人）。

1935 年，和敬谦神父在潮州天主堂晋升为汕头教区第二任主教。不久，实茂芳主教返回法国，汕头由法籍神父蓝安德接任本堂，中国籍神父黄伯禄任副本堂，法籍神父吕类思任当家。1938 年，黄伯禄神父回惠来葵潭养病，由中国籍神父袁中希任副本堂。1946 年底，蓝安德神父返回法国，次年由法籍神父诗卫德任本堂。

据现阶段的研究成果可以看出，在华的天主教早期在农业区多通过一些慈善手段来吸引中国农民，使灾荒频仍的农民暂缓饥饿之忧，又特别注重收留弃养女婴，使之得到不少中国人的关注。

汕头早期一群
初领圣餐的年幼的
天主教徒。依照天
主教传统，女性在
初领圣餐礼时，须
穿白礼服、披白纱。
20 世纪初明信片，
宗座外方传教会发
行（陈传忠藏）

汕头的天主教会同样也创办了不少带慈善性质的机构，如民国四年（1915）创办伯多禄修院；民国九年（1920）创办若瑟中学；民国十三年（1924年）吴甦乐女修会在汕头设立修院；民国十四年（1925）创办仁爱会；民国十九年（1930）创办若瑟小学；民国二十七年（1938）9月创办圣类思修院；民国三十六年（1947）创办晨星女中；民国三十六年创办圣玛利医院等等。天主教在市区的教堂，还有民国三十三年（1944）建于原内马路花园里的崎碌海星堂（由袁中希神父负责），民国三十六年建于乌桥石篱尾的耶稣君王堂（法籍神父德化隆负责），以及民国三十七年（1948）建于西堤的海乾德肋撒堂。

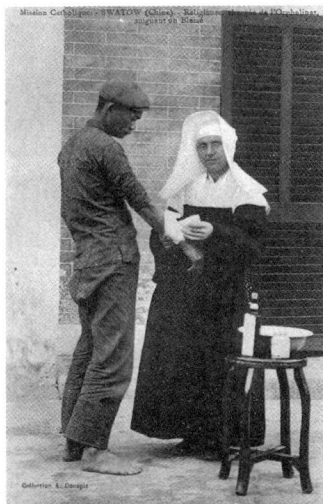

汕头天主教修女为一名伤者包扎伤口及敷药。20世纪10年代明信片，都必师神父印制（陈传忠藏）

两名修女和一位老太太及一位女童在一起。20世纪10年代明信片，都必师神父印制（陈传忠藏）

1950年前后，汕头教区有外籍神父20人，华籍神父38人，教友约30 000人。1951年，汕头教区的和敬谦主教、诗卫德神父、德化隆神父、吕类思神父等外籍神职人员陆续离境，中国籍黄克仁神父、苏秉绳神父先后为代理主教。至此，汕头教区的发展，进入了一个新的阶段。

二　简说福音医院史

清同治二年（1863）9月，英国基督教长老会派英国人吴威廉（Dr. William Gauld M. D.）来汕头工作。抵汕后，他在中马路和福平路之间的地段租了一间房屋作福音诊所，开始从医。他曾在一天内一口气诊治了101个门诊病人以及58

汕头福音医院俯拍照片（美国南加利福尼亚大学图书馆藏）

个住院病人。1864 年，诊所迁至现在外马路三牧楼附近传教士的住宅。病人从邻近多个乡村前来求治，其中四分之一是患了眼疾和营养不良的，也有很多是得了胃溃疡和皮肤病的，还有 40 多名麻风病人。当年他又成功实施了一例急性阑尾炎外科手术。因为门诊人数太多，诊所太小，吴威廉一面从医，一面筹建福音医院。1866 年，汕头福音诊所在潮汕儿童中推行牛痘疫苗接种，并开展唇腭裂修复手术。1867 年，医院在汕头成立，吴威廉任院长。同年，潮嘉道道台患难治的痢疾病，群医束手，生命危殆，最后派人来汕头请吴威廉前往诊治，仅用药十天左右，身体完全康复。后为报答救治之恩，在 1877 年前后，道台将汕头埠南面的一片海滩地赠送给吴威廉，作为福音医院建筑之用。1877 年，医院正式命名为福音医院（Gospel Healing Hall），并用中文招牌悬挂于医院大门上，另在道台批准的土地上开始兴建新的院舍。新医院可容纳 100 张病床和一间隔离病室，可收容 20 名麻风病人的病房及医院所需的一切设施。医院将历年所存的款项和捐赠，及新筹募所得 1 400 银圆一起用于建设新医院。1878 年 4 月，新医院落成开幕。不久，全院病床住满，病人近 200 名。1874 年，吴威廉开始教授 3 名中国学生学习西医，学习解剖学、药物分析和外科手术等课程。该年还有 153 名麻风病人接受其治疗，用印度验方"大风子油"进行肌肉注射，效果很不错。之后前来的莱爱力医生和斐义礼医生继续收治麻风病人，一直到汕头成立皮肤病医院。除此之外，据记载，1866 年至 1878 年，汕头福音医院共实施"兔唇"修复手术 160 例，而当时全国"兔唇"手术量有时一年还不到 8 例。

吴威廉医生因病于 1880 年回国后，由莱爱力医生（Dr. Alex Lyall M. B.）继承医院的工作。莱爱力医生 1879 年来汕，成为福音医院第二任院长。他是著名的英国爱丁堡大学医学院的毕业生，曾服务于罗马教会医院。他教授中国学生学习包扎伤口、分配药物及施行小手术等，为潮汕地区培养不少医务人才，使医院的技术达到国际先进水平，救治了很多病人，如 1888 年医院首次尝试腹股沟疝气根治性手术并取得成功，比权威医学著作中所记载的该手术术史始创时间还要早。莱爱力医生在汕头工作 47 年，于 1926 年退休回国，为英国人在汕头福音医院任医生、院长时间最久的人。莱爱力院长在职期间，福音医院迎来了发展的第一个高潮，就诊人数逐年增多，1881 年是 4 000 人次（含住院），1883 年 4 400 人次，1886 年达到 5 536 人次（另有 306 名戒鸦片烟的病人）。

汕头福音医院照片（美国南加利福尼亚大学图书馆藏）

1903 年，新建筑物落成时陈雨亭与医院领导合照（汕头市第二人民医院提供）

1903 年 2 月，汕头福音医院的建筑物包括一间总院和一间女医院（即现市二医院原址）同时落成。汕头富商陈雨亭为医院捐了 6 000 银洋。

1903 年来汕的英籍医生怀敦干（Dr. G. Duncan Whyte M. B.）用生理盐水注射医治病人获得成功。最初在 400 名病人中，有 320 多人得到痊愈。当时医院已有 231 张病床。怀敦干医生在汕头工作 18 年，曾于 1904 年暂代回国休假的莱爱力，负责医院日常管理工作。1921 年他因病回英国休养，1923 年春重返汕头工作，可惜在途中病情剧变，船抵香港时入院治疗，同年底不幸在香港逝世，遗体运回汕头安葬。

1911 年至 1912 年，汕头市霍乱病大流行时，宴越如医生协助怀敦干医生努力投入到医治工作中。汕头的旧炮台和存心善堂，都被医院借做医疗站救治病人，并使用静脉输液治疗，获得成功，霍乱由此得以控制。1916 年医院建成头等病房，又安装了 X 光机，莱爱力医生的夫人娜活女士更将自己从事抽纱所得的 50 英镑赠给医院购买电器设备。1926 年，宴越如医生（Dr. Andrew Wight M. B.）接任第三任福音医院院长。

1924 年英国又派斐义礼医生（Dr. Nail D. Fraser）来汕任 X 光室医生。斐义礼医生是英国人，又是麻风病治疗专家，1928 年至 1937 年担任福音医院第四任院长。在职期间，他对医院进行一系列改革，例如改革医院的学习生培训制度。1930 年，他创立岭东高级护士学校，建立新的护理制度，废除病人由病人家属自己护理的制度；改进外科手术的无菌操作，降低了外科手术的死亡率；减少单人高级病房的床位；改善总病房病人的物质条件。1938 年，他卸任院长，在汕专职从事麻风病防治的研究工作至 1949 年。

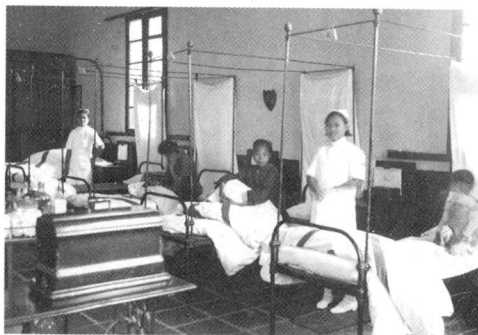

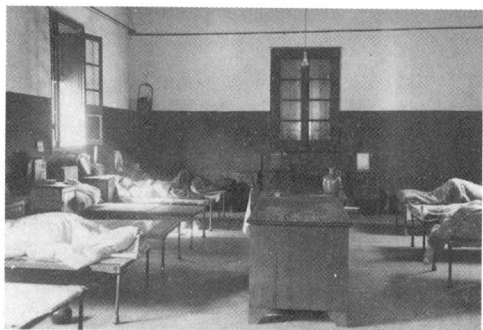

汕头福音医院病房（美国南加利福尼亚大学图书馆藏）

在斐义礼医生任院长期间，多位技术一流的医生来到医院就职，如 1928 年的贺尔德医生（Dr. H. R. Woth），1930 年的麦花逊女士（Miss Marion Macherson），1931 年的史葛医生（Dr. E. H. Scoth），1932 年的孟玲医生（Dr. Ruth Milne M. B.），1937 年的邵志安医生（Dr. S. L. Strange M. B.），都在此时期相继来汕工作。1930 年又有玛丁女士（Miss Maud L. Martin）来福音医院培训护士。至 1934 年，该院外科能够开展的手术有甲状腺瘤摘除、甲状腺部分切除、四肢骨折整复手术以及腹部外科的胆囊摘除、胃穿孔修复、

汕头福音医院的护士和小患者（美国南加利福尼亚大学图书馆藏）

肠梗阻手术等。泌尿科手术有尿道移植术、膀胱、尿道结石摘除术、橡皮囊肿切除术。妇科手术有剖宫产术、卵巢瘤摘除术、子宫切除术等。除此之外还有耳鼻咽喉手术、眼科手术、眼球摘除术、白内障切除术等。1932 年，福音医院治疗麻风病的方案被作为中国麻风病治疗的标准，向全国推行。这一时期，医院医治的人数从原先的每年 10 000 人次左右增至 1935 年的 77 000 人次。

由于病人不断增加，医院准备扩建，憾因抗战爆发而未成。汕头局势紧张时，福音医院部分护士、医生转移到揭阳五经富福音医院工作。1941 年底，太平洋战争爆发后，福音医院也受到冲击，被日军严重破坏；至日本投降时，设备、家具都损失殆尽，只余一幢破旧的楼房。在徐人杰等医生的努力下，福音医院提出"边开业、边开学、边修缮"的指导思想，将医院从五经富搬回汕头。

1946 年 8 月 1 日，福音医院暨岭东高级护士职业学校重新开办，战时转移到五经富福音医院的人员和设备全部回迁。英国红十字会赠送了药品、被褥、蚊帐、医疗仪器以及食品、款项。中国难民救济会也拨来实验室设备、衣服、食品和外科用器材等，又聘请了多位知名医生赴院任职。医院在重新开办时仅有病床 33 张，但已经是当时汕头唯一的可容纳病人住院的医院。1947 年春，邵志安、孟玲等医生和不少护士也都先后到位。

1949 年 3 月 20 日，汕头福音医院暨岭东高级护士职业学校全体员工和学生的合影（美国南加利福尼亚大学图书馆藏）

邵志安医生毕业于利物浦大学医学院及爱丁堡皇家外科医学院，曾在利物浦的医院任内、外科医生，于 1937—1951 年间任福音医院第五任院长兼外科主任。他工作认真负责，待人接物和蔼可亲，任职期间也培养大批医务人员，于 1952 年初回国。

1949 年 10 月 24 日，解放军接管了汕头市。不久，邵志安医生代表英兰长老会向岭东基督教会建议组织联合董事会，共同办理福音医院。1950 年 6 月，在郑少怀牧师（郑为岭东基督教会总干事兼福音医院、聿怀中学董事长）组织董事会时，朝鲜战争爆发。接着，全国主要教会领袖吴耀宗、刘良模、邓裕志、赵紫辰等 40 人发起了"中国基督教革新宣言"的签名运动，号召全国教会尽早割断与帝国主义的一切关系。在此背景下，岭东基督教会于 1951 年 1 月 11 日，决定割断与英兰长老会的一切联系，完全不接受英兰长老会对岭东基督教会、汕头区会、五经富区会以及聿怀中学的一切津贴，并接收英兰长老会在汕头、潮安、五经富、汕尾以及福建上杭的一切房地产，撤销英兰长老会的所有男女传教士，包括医生、护士以及其他职员在岭东基督教会机构中的一切职务。从 1951 年起，由岭东基督教会组织福音医院董事会，聘请徐人杰医生为院长。1952 年秋，在徐医生患病后，聘请卓善章和黄锡祺两位医生同为副院长。1953 年，汕头市政府卫生局接管了汕头福音医院。在 1953 年 3 月 23 日，郑少怀牧师以福音医院董事长的身份，把医院以及有关文件交给当时汕头市卫生局局长徐院池医生接收，结束了汕头福音医院 86 年的历史。

三　汕头神社上栋钱

2012 年 4 月底，在上海崇源艺术品拍卖有限公司的春季钱币拍卖会上，一枚汕头神社上栋钱亮相，引起收藏家的关注。这枚上栋钱系日本昭和十七年（1942）所铸，规格为长 4.45 厘米、宽 2.82 厘米、厚 0.23 厘米，原系台湾著名收藏家施诚一先生所藏。

日本昭和十七年（1942）汕头神社圆形上栋钱正面和背面（汕头私人藏家藏）

无独有偶，汕头一位收藏家手上，也有一枚圆形的汕头神社上栋钱，与刚拍卖的尺寸相近。上栋钱又称上梁钱，闽粤风俗中，在大型建筑物如祖厝、公厅或庙宇等，在主梁合拢日需举行仪式，并在主梁的两侧挂上"上栋钱"。近年在各地庙宇重建时偶有发现，形状有方形、圆形、钥匙形等。这两枚汕头神社上栋钱皆为机器铸造，品相精美，原料系红铜镀金，版底为精工细砂处理，是不可多得的历史文物，也是研究抗战史的珍贵实物文献。在0.23厘米左右的铜胚中心打出方孔，在当年是一项要求很高的技术，估计系日本本土制成后才送到汕头安置。

　　汕头神社"上栋钱"都安置在汕头的神社里。现在汕头的神社都已拆除，我们只能从旧照片中去了解这段历史。

　　20世纪80年代之前，汕头市政府大楼坐南向北，外门面北而开，与其隔外马路斜对的一座独特的建筑就是原来汕头沦陷时期侵华日军所建的神社。汕头神社所在地前为德国驻汕领事馆，领事馆在第一次世界大战期间北洋政府对德宣战后关闭，旧址建作汕头临时公园。

德国驻汕头领事馆，20世纪初明信片，汕头美璋照相印制（陈传忠藏）

"八二"风灾后的临时公园（蔡木通提供）

1939 年 6 月 21 日，侵华日军进攻汕头，汕头沦陷后，日军于 1941 年将原房屋拆除兴建神社，当年年底神社落成。

神社是崇奉与祭祀神道教中各位神灵的建筑，是日本宗教建筑中最古老的类型。神道教与日本人生活联系密切，因此神社在日本十分常见。神社一般不设香火，祈祷者在神社中，一般是先在神社前的水池边用一个长柄木勺净手，然后到屋脊两边翘起的神社拜殿前，往带木条格的善款箱里捐钱。祈祷者把手拍几下，然后双手合十祈祷。有的拜殿前还挂有粗麻绳，祈祷者摇动几下，使麻绳上的风铃发声。从 1897 年开始，日本开始将本土神道教的神社逐渐建到海外。日本侵华期间在中国各大城市也建了不少神社，在广东，日军于广州和汕头分别建了一座，用以安放日军和日侨骨灰，还定期举行祭祀。

外马路汕头市图书馆旧址，原馆址的主体建筑为抗战时期日本在汕头所建的神社。20 世纪 50 年代明信片 （陈传忠藏）

汕头神社的内部建筑结构分为安置神位的本殿、一般信众参拜的拜殿、放置祭品的币殿三部分，除了摆放阵亡日军和日侨的骨灰并供祭祀外，另供奉有大国魂神、大己贵命、少彦名命等灵位，还有明治天皇的叔父、战死在台湾的能久亲王，明治天皇之妻、明仁天皇曾祖母昭宪皇太后等入祀。这种祭祀组合在日本本土之外的神社非常罕见，连台湾和朝鲜也未曾发现。据说是因为日本汕头神社不是由国库供养的"国社"，而是由皇室费用支持兴建的"宫币社"，所以其在日本神道教中的规格相当之高，该神社的建筑材料都是用船从海外运来的。神社修筑过程中从工地经过的青壮年常被日军强征劳动。神社建成后有日军把守，日本人经过神社要停步朝拜致敬，过往的中国人也被强迫向神社鞠躬。日本无条件投降后，在汕日本人撤离时将神社内物件悉数带走。

据洪浩老师介绍，当年汕头神社是相当雅致的日本园林式建筑，园内草地嫩绿，树木苍翠。进入大门即是石板路，右有小假山，中央是一座拱桥，桥下流水潺潺，水中以乱石点缀。石板路直通至神社正殿，殿前有一对石雕——"狛犬"。登上正殿有三级石阶，神社数进，门窗皆是推拉式的设计，滑动自如。抗战胜利后，汕头神社旧址曾一度作为汕头市参议会办公场所。1950年后的几年，这里逐渐荒废，周围一些居民则在空地上养花种菜。

1955年，经政府批准，汕头市图书馆将原汕头神社所在地划为馆址，并拨款建设一座面积约200平方米的两层楼房，楼下为阅览室，二楼为采编及古籍线装书库。而神社旧址作为外借流通书库，于1956年正式开放，至1965年图书馆迁走为止。

1955年，作为汕头市图书馆外供流通书库的汕头神社旧址照片，可以看到神社旧址后的二层建筑（韩志光摄）

"文革"后期，汕头多个政府部门先后在此办公，并将拱桥、溪流和草地等改造为种植农作物的菜地，神社东边空地上还曾搭起一座数百平方米的简易建筑，作为机关食堂。1977年夏，图书馆回迁，不久在神社后西侧又建起一幢两层楼房，作为图书馆的外借部兼办公楼。1979年又筹建四层大楼，拆除了神社前的台阶前庭部分，神社后基座的石头修筑成大楼前的石板路。1981年新楼落成，原神社主建筑大半仍保留于大楼后面。

图书馆后来扩建时，神社主体建筑被全部拆除，在原址上建成书库和少儿阅览室，残留的社号标、石灯笼等物件在拆除时被埋入地下。汕头图书馆迁址到时代广场新馆后，旧址成为汕头市文化馆。

"前事不忘，后事之师"，汕头沦陷这一不堪回事的往事，至今已过去近八十年，硝烟虽已随风飘散，历史仿佛已经远去。展开汕头神社的实物和照片，留给我们的启示却依旧深远。回眸历史，我们眼里饱含泪水，教训是刻骨铭心的，那是永远的国殇，也是永远的追思。

四　漫说礐石西人坟

在美国南加利福尼亚大学图书馆收藏的汕头老照片中，有一张注明为"Missionary grave，Shantou，China，ca. 1895"（传教士在汕头的墓，约 1895 年）的照片。照片正中是一座造型别致的墓碑，周围树木花草围绕，中间有一些较小型的十字架墓碑，这便是清末民国期间汕头赫赫有名的西人坟（也称"番人坟"）。

传教士在汕头的墓，摄于约 1895 年（美国南加利福尼亚大学图书馆藏）

1947 年出版的《汕头指南》记载："（角石）西人坟外面筑以围墙，满葬西人坟墓。十字架累累，颇有可观。"

20 世纪初
汕头西人坟的正
门，汕头美璋照
相印制的明信片
（陈传忠藏）

西人坟旧址位于现在礐石洪厝街最西端，即汕头市第三人民医院背后，这里即使是到了中午，在参天大树的环抱掩映下也异常阴凉。西人坟在"文革"期间被铲平，后该地被辟为工厂，但应该不少上了年纪的汕头人见过其原貌。据知情者回忆，西人坟墓地整洁宁静，种植各种各样的山花，五颜六色，随风摇曳，蓝天之下赏心悦目，一派异国情调。墓碑和墓地型制多式多样，风格迥异，有的是竖着的十字架，有的横卧，多用大理石砌成。墓碑上多有中、英、德、法等国文字，记述着埋葬者的生平，墓碑大都是在外国打造好之后运来的。

自汕头开埠之后，英国人先后在礐石建领事署、海关税务司公馆（现礐石小学及明园山庄）、英国驻汕头汇丰银行礐石署楼（现公安干校所在地）等。1862年，美国浸信会也在此创建学校多间；1872 年，美国传教士约翰和耶士摩倡建了基督教礼拜堂；1878 年，美国浸信会派牧师目威林及医生陈庆龄在现在礐石医生顶创办"益世医院"（汕头第三人民医院前身）。外国人还在礐石兴建了各类工厂，如 1878 年英商德记洋行在礐石新大陆（现属海军产业）开设糖厂，1887 年德记洋行在德记草埔（现汕头第三人民医院院址）开办肥料厂、汽水厂、冰霜厂；挪威也曾与英国合资在现洪厝街附近市场所在地开办过船行等。此外，花旗、太古、怡和等众多当代声名显赫的洋行都曾在礐石开办了工厂。

当年在汕头去世的外国人，往往安葬于西人坟。墓区里除了葬有传教士、医生、教师、商人、企业职员之外，还有一些水兵，因为那时英、美等国海军的军舰经常停靠在礐石海面上，去世水兵的遗体也常常被安葬于此。

西人坟被铲平后，大部分石碑被用作各项建设，部分体积较大、无法利用的石碑则被随处丢弃。近年汕头基督教会将收集到的十一块外国人墓碑，安放在位于小礐石的基督教会礐石堂先贤园里，其中就有美国南加利福尼亚大学图书馆所藏老照片中那座造型别致的传教士墓碑，墓主是较早来到潮汕地区传教的牧师施饶理。经现场测量，该墓碑连座高 170 厘米，碑座高 32 厘米，座宽 65 厘米见方，顶高 38 厘米见方，顶宽 58 厘米见方，碑高 100 厘米，为长方体立状，43 厘米见方。其正面碑文如下：

REV CEORCE SMITH MA
MISSIONARY OF THEE. P. CHURCH
BORN AT AHOYNE
25TH MARCH 1883
CRBAINED 1857.
□□□□A□□ PIONEER OF THE
SV□□□□ M□□ION , IN WHICH
NE□□□□□URED 34 YEARS.
IS W□□K WAS OWNED
□□□ BLESSED OF GOD ,
W□□□ D□□□□ HIM HOME ,
13TH FEBY 1891

We are ambassadors for
Christ – we pray you in christ's
stead , be ye reconciled to God.
God hath made him to be
sin for us , who know no sin ,
That we might be made the
righteousness of God in him
By grace are ye saved through
faith.
To him that loved us , and washed.
us from our sins in his own
blood , to him be glory and
dominion for ever and ever ,
Amen.

右侧面碑文如下：

施公讳饶理者，生于耶稣一千八百三十三年，其二十五岁时膺牧师职，由英来华驻□澄邑之汕江，周游粤东之潮惠，创建会堂，宣传救主，招徒甚多，而终于耶稣一千八百九十一年，享寿五十九岁，为墓碑以志梗概。

背面及左侧面铭文均被铲去，无法识认。
站在施饶理牧师的墓碑之前，总是让人思绪万千。汕头埠的发展史上，有一

汕头影踪

群信念坚定的传教士，他们除了带来西方的宗教，同时也带来了先进的医疗、教育理念，把很多西方的文化带到了这里，让其落地生根，与这里的文化结合交融，形成了具有独特魅力的汕头埠文化。而有不少传教士，就像他们所带来的文化一样，长久地扎根在这片美丽的土地上，直到他们的岁月终止，仍然魂牵梦绕，将生命永远地留在了礐石莽莽群山之间。

五 汕头存心善堂记

早在光绪初年，汕头埠已有了同济善堂，但随着大量人口涌入汕头，到光绪二十五年（1899）鼠疫在汕头埠爆发时，同济善堂虽然全力施救，但仍然杯水车薪。同年，潮阳棉城棉安善堂社员赵进华（约1851—1921年）到汕头埠打工时，看到汕头埠街边很多无人收埋的流民和贫民遗体，便从棉安善堂念佛社请来了大峰祖师木雕像，并由士绅李泰丰出面向同济外局借地，设坛办起存心善堂念佛社。

李泰丰逝世后，由赵进华继任。不久同济外局收回场地，善堂暂移至华佗庙内。后由元兴洋行的商人倡导，得到汕头埠郭丽州等四十八家商界名流支持，由他们出面作为善堂司事筹办建堂，并得到了官府的重视。光绪二十七年（1901），澄海县出示晓谕，于汕头埠营盘角择地，东至义冢（今张园内街），南至水沟（今外马路），西至顺兴街高墙，北至乞食寮前一区，建存心善堂，并先后筑造义冢多处。

赵进华像（蔡木通提供）

存心善堂各处义冢照片（蔡木通提供）

存心善堂由袁忠信负责募捐、赵进华负责督建，并得到怡和洋行萧犀珊、太古洋行林邦杰、南记洋行林兆龄、元兴洋行萧展初、同泰洋行薛子珊、光兴洋行陈吉六等绅商支持，于1901年兴建，人力方面由玉峡宏志善堂及汕头埠附近的达濠、华坞等地社友助工。建设历时三年，至光绪三十年（1904）落成，建筑面积1000多平方米，建筑物上的嵌瓷、木雕、石刻、漆绘绚丽多姿，是地方传统建筑艺术的结晶。

"八二"风灾给汕头带来巨大损失。沿海田庐毁灭无数，平地水深丈余或数尺，铁路路轨被毁，电讯不通，风灾波及澄海、揭阳、潮阳、南澳、惠来、汕头等县市，受灾最严重的澄海，有些乡村竟有全村人命、财产全被海水吞没。此次风灾，全潮汕死亡数万人，房屋田园损失惨重。天灾面前，存心善堂全力投入救灾活动，据存心善堂之《堂务报告》记载："本善堂以潮汕罹此空前浩劫，悲天悯人，特发动大规模赈灾，本堂先后捞获男女尸骸达1300余具，灾况之惨烈可知。当时哀鸿遍野，本善堂办理灾余之善后工作，凡四月之久，赈济灾区，普及澄海揭阳惠来南澳等腹地偏远乡村，赈济灾区，计百余乡村，受赈百万余人……"

"八二"风灾存心善堂收殓灾民的老照片（蔡木通提供）

汕头存心善堂代各港大慈善家往各属赈灾图（蔡木通提供）

善堂在当年农历七月，又举行施孤大型法会。由于灾情严重，民国总统黎元洪拨款 5 万银圆用于潮汕赈灾，并派特使抵汕慰问。当赈灾特使赖禧国得知存心善堂的善举之后，十分赞许，于 1922 年 12 月 4 日特意视察存心善堂，并同社友在善堂前合影留念。照片中的社员分五排站立，身穿西装的赖禧国特使与身着长袍的善堂负责人在前排端坐，合影的有 130 多人，照片正中还悬挂着两面民国五色国旗和两面存心善堂堂旗以及"上海旅沪潮州商会"的会旗。

汕头存心善堂全社友欢迎黎大总统慰问潮汕灾区专员赖禧国先生留影纪念（蔡木通提供）

　　存心善堂设立初期，公推总理一人、司库一人。民国政府定都南京之后，在全国范围内开始破除迷信活动，而潮汕善堂体系在汕头存心善堂与潮阳棉安善堂的主导下，于 1928—1929 年发起大峰祖师保存运动，最终得到政府的理解支持，大峰祖师也成为公开合法的信仰之一。至 20 世纪 30 年代，存心善堂开始实行理事会制度，设理事长一名，而理事大多为当时汕头埠的工商业名流。下设法事股、福利股、教育股、掩埋队、消防队、救护队等机构，并开办有存心医院、存心善堂水龙局、存心义冢并附设吊唁厅等机构，有工作人员 100 多人，社友2 000 多人。当时善堂的维持资金依靠捐款，有本土绅商、平民百姓，也有东南亚侨胞、港澳同胞积极募捐，尤其是来自香港善庆善堂以及泰国华侨报德善堂的同仁。据统计数字，可以看出二十世纪二三十年代是存心善堂发展的第一个高峰期，当时主要善举有：

施食施衣。据统计，1932 年至 1933 年：善堂共施米袋 378 件、麻袋衫 1 668 件、旧衣 2 831 件、平买 14 次、施赈 13 次。1937 年统计：施麻袋衫和旧衣 3 888 人，施粥 26 885 人。在夏季则设茶站，广施茶水、竹笠、草席等，在 1937 年共施茶 13 461 人，施笠扇 320 人。

施医赠药。医院免费为民众留医并施增药物。每天门诊上百人，最多达 1 000 人。

施棺收殓。善堂的掩埋队每月掩埋尸体约 200 具，最多时达 600 具。如 1924 年收尸 2 052 具；1932 年 8 323 具，施棺 6 819 口，施寿衣 1 911 件；1933 年收尸 2 465 具，施棺 1 642 口，施寿衣 80 件。

义务消防。善堂水龙局设有一支专职消防队、三支义务消防队和两支义务救护队，配备灭火机汽车两辆。

1939 年汕头沦陷之后，由于海路封锁，市面上百业萧条，又逢大饥荒，逃荒饥民无数，尸横遍野，惨不忍睹。存心善堂在海内外各慈善团体和热心人士的支持下，先后成立了存心儿童教养院、存心学校、存心施粥局、存心掩埋队、存心救护队等一系列救助机构，赈济饥民，救活救护大量难民，收埋无主难民尸骸，特别是存心学校和存心孤儿教养院收养孤儿甚多，得到社会各界的高度赞扬和肯定。

汕头沦陷当日，日军冲入存心善堂（《日军侵略潮汕写真》载）

存心善堂儿童教养院人员合影（蔡木通提供）

　　抗战胜利后，各地民众纷纷回到汕头埠谋生，使汕头埠又迎来城市发展的新一轮高峰，存心善堂的活动也得到进一步的拓展，除了常规的施粥、施医、施棺、消防之外，对汕头埠周边的受灾乡村也予以全力赈灾。如 1947 年 6 月韩江水灾，韩江下游多处乡村成泽国，灾后不久，善堂即派出医务救护人员到灾区服务，办理急赈。

1947 年 6 月 11 日，汕头存心善堂出发韩江下游灾区施赈留影（蔡木通提供）

　　而在汕头埠东北方向的华坞村，在民国初建有存心善堂华坞公所，系由该村士绅所倡建，经费由善堂下拨，在沦陷期间一度停止活动。1947 年 4 月 14 日，在善堂的支持下得以重建。

汕头存心善堂华坞所重光纪念留影（蔡木通提供）

汕头存心善堂于 1951 年起停止活动，所有产业收归国有，教养院、掩埋队归民政局领导，救护队、存心医院并入红十字会，学校归文教局领导，工作人员则被安排到政府各部门继续工作。

1951 年 3 月 11 日，汕头存心医院林院长振雄暨全体职工就职纪念（蔡木通提供）

而善堂旧址是集潮汕石雕、木雕、嵌瓷、绘画、泥塑为一体的潮汕民间建筑艺术珍品，一直受到当地政府的重视和保护。1960 年，在省文化保护单位和时任汕头市市长吕金湖的高度重视下，由政府拨款全面修缮，面貌焕然一新，参观人员络绎不绝，名扬海内外。可惜"文革"期间，善堂旧址遭受到严重破坏，面目全非，部分场所被居民占用。

　　由于存心善堂为民众做了大量善事，深受拥护和敬仰，因此在海内外各界热心人士的强烈要求下，1995 年，汕头市政府将善堂旧址列入汕头市文物保护单位，计划修缮后作为旅游景点。

　　近年，经政府和文管新局的批准，存心善堂旧址得以募集民间力量予以修缮，修缮后的存心善堂与汕头老妈宫、关帝庙、汕头中央银行旧址等形成见证汕头历史开埠的建筑群，在继续开展慈善公益活动的同时，也给汕头人民留下一处集旅游观光、爱国教育、弘扬慈善为一体的历史文化遗产，吸引更多的海内外潮人到汕头观光。

第四章 文教事业

一 民国国医士考试

1931 年 12 月的汕头市第三届考选国医士授受证书典礼（《汕头市政公报》载）

1929 年 2 月 23 日，国民政府中央卫生委员会在南京召开会议，通过了余云岫等人提出的《废止旧医以扫除医事之障碍案》，引起中医界的哗然及反击。3 月 17 日，各地代表委派谢利恒、陈存仁、隋翰英、张穆庵、蒋文芳 5 人赴南京请愿。在全国中医界据理力争和社会各界的声援下，卫生部门最终不得不收回成命。在中医得到中央政府认可之后，各地纷纷举办国医（也即是中医）人员资格认定考试，对成绩合格者予以发证承认。汕头的考选国医士的工作就是在这种背景下开展的。

由于资料的缺失，第一、二届考选国医士的情况未能知悉，而第三届考选国医士的工作是根据广东省政府核准修正的《中医考试暂行规则》第十条规定，委任汕头市政府卫生科科长为主席委员，聘任已登记中医士多人组织考试委员会，于 1931 年 8 月 3 日公布施行方案，8 月 4 日至 9 月 3 日为报名时间，9 月 10 日至 14 日举行考试，考场设在贫民工艺院（该址现为汕头中心医院），考试科目为生理学、解剖学、药物学、内科学、外科学、内科、外科、临床试验等。全市共有 270 人应考。

因中医事关市民身体健康，故汕头市政府强调一定要缜密严整，黄子信市长亲自到场任监督，除协同汕头市党部监考员每日莅场监考外，还邀请汕头报界公会、中医学会、中医研究会、市商会各派代表一人，莅场观考，以示公开，甄选真才。

在具体考试中，又采取多种预防措施，力求公平、公正。一是每场考试前，试卷在政府密封，由主席委员亲自带到考场，由监考员主席委员和考试委员，逐卷加盖私章，然后按名发给考生。二是因以往考试有临场潦草之卷事后则请托转换之流弊，于是此次考试在试卷上只填写号码，不填姓名，在收卷后将号码撕去，另由监考员改易他号。三是每科试题由各考试委员拟定 10～30 则，亲自封固，在考试现场会同监考员、参观代表当面拆封，将所有题目编成若干号，当场由监考员随机抽出十条，对号定题。四是为杜绝夹带，先由考场工作人员将各应试者检查后，方许其入内，考试完毕，所有试卷及考生名册、发卷收卷号码对照表，均在考场固封，由监考员主席委员加盖私章，送市府保管，待全部试卷评分后方将人名号码对照表拆封填写。

考试结束后，政府于 9 月 11 日开始组织评卷，每天下午 2 时至 5 时半，由 9 名考试委员、49 名评卷员到市政府礼堂详阅各科试卷，至 9 月 29 日方才评毕。计成绩最优等者有万民瞻等 7 名，列优等者为方伴兰等 34 名，合格者有陈英杰等 56 名。成绩公布后不久，即举行汕头市第三届考选国医士授受证书典礼，为我们留下了这张颇有意思的老照片。

随着持有中医资格者人数的增多，1932 年，汕头市成立了中医公会，公会采取董事制，先后由会员推选第一、二届董事执掌会务，至 1939 年汕头沦陷，中医公会方停止活动。抗战胜利后，中医公会于 1945 年 10 月恢复活动，1946 年2 月加入全国中医师公会联合会。据当年 4 月统计，重新登记会员 107 人，其中领取新执照的有 46 人。1946 年底，汕头市中医公会改组为理监事制，改名汕头市中医师公会，由吴震虹担任理事长，王隐筹任常务干事，会员有蔡仰高、黄雨岩、黄传克、潘兆辉、郑良骥、陈谷贤、陈祖和、郑少谕等，共 142 人。1950 年以后，汕头市中医师公会成立中医联合诊所，于 1958 年 9 月正式改为汕头市中医医院，并成立中医药研究所工作组，进一步促进了汕头中医事业的发展。

1958 年中医药研究所工作组成立合照（陈嘉顺藏）

二　首次全市教育会

　　抗日战争爆发前的十年，可以说是民国历史上，甚至是中国现代史上建设最快、发展最迅猛、经济最繁荣的十年，社会各项事业蒸蒸日上，教育也得以借势发展。在这段时间里，政府从扫除文盲的"识字运动"起，到成立中央研究院，建立了一个完整的教育体制。1928 年 5 月 15 日至 28 日，蔡元培在南京主持召开第一次全国教育会议，召集社会各界人士集思广益，共谋民国教育发展大计。会上，中小学教育问题成为重要的议题之一。自此，全国中小学大量扩招，努力普及基础教育，为大学输送生源。据统计，1931 年至 1937 年，小学生人数增长了86%，大学生人数更是增长了94%，所以抗战前十年可以视为中国教育发展的黄金时期。

　　1932 年 10 月，主政广东的陈济棠在全省第三次教育会议上指出：教育是立国之本，是永久的事业。一国之内，如不尊重学者，学术从何进步？文化从何提高？国将从何而立？因此，陈济棠在《广东省三年施政计划说明书》中，规定教育方面实行"训育主义（三民主义）化"和"教育职业化，学生劳动化"两项原则，提倡民办中、小学校。按计划施行的三年中，广东全省小学增加四百余所，学生人数增加十四万余人，中学增加六十四所，学生人数增加一万六千余人。

1933 年 2 月，汕头市第一次全市教育会议开幕典礼摄影纪念（1933 年 3 月《汕头市政公报》载）

在全国、全省教育形势高速发展之时，汕头对教育的建设和投入也成为当时市政府的一项重要工作。1933 年 2 月 13 日至 16 日，刚刚到任的汕头市市长翟宗心，以汕头市政府的名义，召开了汕头历史上第一次全市性教育会议，贯彻落实全国、全省教育会议精神。会议共有 87 人出席，均为汕头各中小学校校长及市政府从事教育工作的职员，广东东区绥靖公署也派员到会列席。

会议共收到提案 86 件（笔者估计，可能是除广东东区绥靖公署派员之外，与会者每人一件提案）。会议为期四天，与会者围绕如何发展、改良本市教育，提高教师待遇等方面展开讨论。大家分析了当时汕头教育的现状及存在的问题，并重点指出几个方面的不足：一是虽然汕头学校的数量不少，但上规模、上档次的较少，学校的水平与城市的建设明显不同步；二是过于重视学校教育，忽略社会教育，对象为成人的教育机构非常缺乏；三是公私立学校分布不均，私立学校比公立学校多得多，且师资质量优于公立学校。另外，因为经费问题，部分市立学校无力建设校舍，只能租用民房，各项教育配套也多未能到位；由于市政府人员更换频繁，负责教育的官员也时常变动，往往使教育政策在执行时出现缺位。

针对以上问题，翟宗心要求与会者在会后积极探索、大胆开拓，以训练国民、创造文化，而建国家万年不拔之基。在会上通过的《汕头市第一次教育会议宣言》中强调：中国的救亡之道，非从教育方面努力改进不可。进而充实人民生活，扶植社会生存，发展国民生计，以期民族独立、民权普遍、民生发展，也须以教育为本。可以说，此次会议奠定了汕头这座新兴港口城市的教育格局，是汕头城市史研究不可绕过的一件大事。

翟宗心就职汕头市长典礼时全体人员合照（1933 年 1 月《汕头市政公报》载）

翟宗心（1900—1967），别号静存，广东东莞人，黄埔陆军速成学校第六期步科毕业，历任粤军第二军司令部上尉副官、少校交通队长，建国粤军第一军司令部少校参谋，国民革命军第四军第十二师中校参谋主任，总参谋长广州留守处暨广州军政分会总务处中校科长。1927 年底任黄埔军校政治训练处中校宣传科长、第四军十二师政治部上校主任。1931 年任第一集团军第二军司令部少将副官处长、军部秘书长。1932 年 11 月至 1935 年 5 月任汕头市市长，是民国年间任职汕头时间较长的市长。

三 全市大扫除活动

　　一个城市的卫生，可以说是反映这个城市文明程度的标尺。民国年间的汕头作为一个新兴城市，历任市长均注重此问题，由政府购买清洁车、洒水车，聘请专职的清洁人员每日上街打扫卫生，从笔者收藏的"汕头市政厅洁净车、洒水车、清道夫拍影"这张照片中，可看出当时的清洁队伍及装备是非常专业的。

　　除了有专业的清洁队伍，汕头市政府也定期组织全市大扫除活动。例如笔者收藏的民国二十年（1931）全市大扫除人员合影，从中可看出当年的全市大扫除情形。

汕头市政厅洁净车、洒水车、清道夫拍影（1931 年 9 月《汕头市政公报》载）

汕头市举行特别大扫除活动（1931 年 9 月《汕头市政公报》载）

虽年代久远，照片人物面貌多模糊不清，幸好照片下方有"汕头市举行特别大扫除黄市长躬先督扫摄影纪念""民国二十年八月十五日"以及依稀可见的"独立第二师"等字样，笔者经查阅有关资料，对此次活动的情况有简单的了解。

1928年底，国民政府内政部颁布了《污物扫除条例》，汕头市政府按该条例第八条规定，每年5月15日、12月15日，各举行大扫除一次。为便利施行起见，汕头特于规定时间提前五天举行大扫除，除分合及布告外，又特令自来水公司届期满足水量开放以便市民取水洗涤，以达洁净之目的。虽然每年两次的大扫除，在一定程度上对城市卫生起到促进作用，但毕竟影响有限。

1931年6月底，黄子信接任汕头市市长。黄子信系广东台山人，岭南大学毕业，美国南加利福亚尼亚大学市政学士、哈佛大学硕士，任汕头市长时年仅31岁。上任伊始，他认为汕头每年的大扫除活动虽然轰轰烈烈，但力度不够，特别是从5月到12月这段时间，气温较高，蚊虫滋生，一年两次大扫除未足以清除积垢。于是，黄子信就安排汕头市政府卫生科负责统一布置，尽快举行特别大扫除。大扫除离不开用水，汕头市自来水公司遵照政府安排，在特别大扫除期间，全力支持，全日放水，满足全市大扫除用水，以利市民洗涤。

1931年8月15日，正好是黄子信就任汕头市长第50天，他率政府各秘书科长、股长、公安局长、各公安分局长及全市环卫工人，由汕头市公安局出发，开始对全市进行大扫除，活动颇具规模，影响一时，驻汕头的独立第二师也派员参加。在军民共同努力下，这一次特别的大扫除活动取得了圆满成功。

四　济良筹款游艺会

济良所是民国时专为救济一般贫苦妇女而设立的社会公益机构，收留的主要对象是当时或因被诱骗，或因误入歧途，或因受翁姑凌虐，或因夫婿不良等原因而迷途的贫苦妇女，为地位低下、生活艰苦的妇女找到一条生路，让她们不再受压迫。在民国年间，全国各大城市多设有济良所，不少名流的文章也谈及济良所。如李大钊在《北京市民应该要求的新生活》一文中写道："扩充济良所，有愿入所的娼妓，不问他受虐待与否，一概收容。"许地山则在《狐仙》中写道："我此后还要劝人，若曾失恋还想娶妻的都要到济良所挑去。"

这种情况也出现在汕头。随着市政设施的日趋完善，社会各界多有建议设立济良所，政府也将其建设提上议事日程。但因为当时汕头市政府财政困难，未能拨给济良所的建筑款，使此事一直未能实现。

在这种情况下，时任汕头市市长的黄子信爱集各界，计划举行游艺大会，筹款建设济良所。黄子信自任筹建济良所游艺大会会长，由汕头市政府各科职员负责大会各项事务，公安局负责会场秩序，汕头市商会负责财务出纳，妇孺协会负责宣传招待工作，汕头存心善堂办理卖票事宜。以上准备就绪后，于 1931 年 7 月 30 日至 8 月 2 日举办了筹建汕头市济良所游艺大会。

筹建汕头市济良所游艺大会开幕式摄影纪念（《汕头市政公报》载）

大会门票不仅对市民出售，同时印制了名誉券四千张，除分发公安局、市商会推销外，还将其中一千三百多张分发税捐商认销，以增加收入。参加大会演出的有潮安儒乐学社、汕头的以诚社、公益社等民间文艺团体，通过曲艺表演筹集资金。

可惜天公不作美，游艺大会期间连日大雨，到场民众不多，以致收入甚不理想，未能筹足建筑济良所的款项。但市长黄子信在大会闭幕词中表态：无论如何，一定设法筹款，令先行开工建设，务必达到济良所落成之愿望。

据 1987 年 10 月编印的《汕头市民政志稿》（征求意见稿）第十一章第二节《妇女收养机构》介绍：汕头市妇女济良所成立于 1934 年，由汕头市政府、公安局、商会以及社会慈善团体联合成立管理委员会，设于汕头市外马路。该所专门收容婢妾、童养媳、女尼以及流落城镇、无依无靠的妇女等，并分别代为择偶或由其亲属领回完聚。建所一年后即停办。

尽管汕头济良所存在的时间不长，但作为汕头历史上曾经出现过的慈善组织，同样成为汕头发展史特别是慈善事业的一个有机组成部分。

五　体育健儿留风采

　　汕头开埠后，随着西方文化的传入，一些现代体育项目也随之在汕头发展起来，使汕头成为广东省现代体育运动发展较早的地区。到 20 世纪初，汕头的礐石小学、华英中学等学校均开辟操场，开展球类及田径运动。1920 年，汕头体育会成立，进一步促进体育的普及。在美国南加利福尼亚大学图书馆的网站上，收藏有不少美国人 Paul F. Cressey 在汕头教会学校任教时拍摄的照片，其中就有几张是拍摄学校田径比赛时的场景。

　　田径是径赛、田赛和全能比赛的统称，是体育比赛中观赏性极强的运动之一，在 Paul F. Cressey 拍摄的照片中，有 Cheerleading – style pyramid（学生叠罗汉）、Boys track meet（少年田径运动会）、Male students on parallel bars（男学生在双杠运动中）等几张，可以见到八九十年前汕头埠学生田径运动的精彩瞬间。

"Cheerleading – style pyramid"，学生叠罗汉的照片（美国南加利福尼亚大学图书馆藏）

"Boys track meet"，少年
田径运动会照片（美国南加
利福尼亚大学图书馆藏）

"Male students on parallel bars"，男学生在双杠运动中的照片（美国南加利福尼亚大学
图书馆藏）

　　而作为三大球之一的排球，同样是不少中小学师生及政府部门职员喜爱的运
动。Paul F. Cressey 也拍摄了两张排球比赛场景的照片，一张是 1921 年在学校内
进行排球比赛的照片，另一张则是 1923 年，学校队与汕头政府队正在进行比赛，
球场建于山边，许多人在周围观战，就照片下方的说明文字看，当时学校队通过
大力扣球到政府队的死角，夺得比赛的胜利。

"Volleyball game on Swatow Academy playground"（美国南加利福尼亚大学图书馆藏）

"Volleyball game at Swatow Academy"（美国南加利福尼亚大学图书馆藏）

　　除各校开展运动比赛之外，汕头市政府也组织市际运动会。相比于 Paul F. Cressey 拍摄的学校级别的运动照片，汕头市际运动会的材料多了不少。1928 年，汕头市第一届运动会在中山公园刚落成的运动场举行，共有数百名运动员参加，各项竞赛分学校组和公开组，按年龄分级比赛，以后每年举行一届。笔者就收藏有一张民国二十一年（1932）汕头市全市第五次运动大会开幕时的照片。因年代久远，照片上的人物面貌多模糊不清，幸好照片下方有"汕头市全市第五次运动大会开幕时摄影""一似照相"等字样。

1932 年，汕头市全市第五次运动大会开幕照片（陈嘉顺藏）

1932 年 12 月 14 日至 17 日，汕头举行的第五次运动大会同样在中山公园举行，主要参赛选手系各中小学学生，采用 1932 年全国体育协进会刚审定的比赛规则，于 12 月 14、15 日举行中学组竞赛，16、17 日举行小学组竞赛。报名自 12 月 1 日起到 12 月 6 日止，报名者在填妥报名表后，交设立在中山公园的运动会办事处，参赛者还须交纳一定的报名费。

运动会设会长一人，副会长一人，顾问若干，名誉评判四人，下设总务、财政、布置、宣传、评判等九个部，每部设正、副部长及部员若干。大会的经费主要是政府补助及各机关团体捐助、会员捐金及参赛运动员报名费。为保证大会的顺利举行，大会还发动社会捐款，规定捐助五元者为提倡会员，十元以上者为名誉会员，五十元以上者为名誉副会长，一百元以上者为名誉会长。捐金于大会开始前交运动会财政部，由运动会主办方登报鸣谢，邀请捐款者全程入座运动会名誉座，并赠送《运动会纪要》留念。

运动会比赛分田径、球类和表演三大类。田径比赛共分为 50、100、200、400、800 米和 10 000 米跑步，200、400、800 和 1 600 米接力跑，80、100、200、800 米跨栏等 14 个跑步项目和跳高、跳远、铅球、垒球、铁饼、标枪、撑竿跳等其他 10 个项目，内容最为丰富。球类比赛分排球、足球和篮球，表演则是千人舞等。

田径赛每项运动前四名优胜者各奖大会奖章一枚（第一名为金色、第二名为银色、第三名为铜色、第四名为铁色，奖章内注明名次）。球类比赛第一名获大会冠军锦标，第二名奖亚军锦标。

六　存心学校育人多

1942 年，汕头沦陷已三年，百业凋零，民不聊生，贫苦子弟入学无门。汕头存心善堂发动社会贤达及热心公益事业人士，集资创办了汕头市第一间完全义务学校——存心小学校，以救济失学儿童。

存心学校创办时学校成立理事会，由王文宽任理事长，辛扬人、马镜川、辛桂添、林裕源、郑学忠等为理事，郑学忠兼任校长，并推选辛扬人往泰国、郑学忠等在汕头筹款建校。经郑学忠校长多方奔走，捐资者达百余人，其中汕头捐款最多者为张运生，捐国币 3 000 元，最少者也有捐 30 元，事后立石镌刻捐款者姓名及捐款金额。

存心善堂后有一片四百多平方米的空地，原是人称"四爷"的善人为扩大善堂而买下的地产，善堂理事会决定在该地建筑校舍，共建有六间教室、一间可容纳两百人开会的礼堂和一个操场。初办时只有一至五年级共五个班，各用一间教室，另一间教室作为校务处，原计划每班收学生四十人。学校建成后，其范围东至张园内街民房，西至儿童教养院，南到第二医院宿舍，北至正始小学。抗战胜利后，因班数增多，又在操场上加盖四间教室。

1944 年 6 月 27 日，存心小学校第一届毕业典礼留影，前排中坐者分别为李向荣、张运生、谢名生、王文宽、郑学忠（蔡木通提供）

1951 年，善堂儿童教养院外迁，善堂便将教养院场地全部归入学校，使存心学校西边展至九如巷。学校经费在 1950 年前全由善堂提供，政府接管后改为由地方财政拨款支持。1966年，因原建板木屋平房残破不堪，政府拨款新建一座三层混凝土教学大楼。1967年西边校务处的屋子倒塌，又建一座二层教学楼。

存心小学校其余领导有第一任校长郑学忠，是善堂理事兼校长，属义务性质，负责学校人事问题。其余领导有：第一任教务主任陈照予，训育主任杨明，总务主任陈享士，教员陈名裳、李侠辉、郑瑜、林玲、余良卿（后四位为女性）。1945年后，郑学忠往上海等地经商，由经营西药的波比洋行老板施祝生任第二任校长，施祝生另聘请蔡健为教务主任，1946年蔡健辞职后由郑良材接任。1947年训育主任另请陈枋廉担任，以徐国华为总务主任。1948年前后，施祝生又请较有教学经验的沈烈光为教务主任，至1950年2月，学校理事会又请郑学忠出任校长，教务主任由曾永雄担任。1951年起实行教导合一，废除原设的训育处。不久文教局接管学校，郑学忠外调他校，并委任余世武任校长，以余良卿为副教导主任。1952年学校改名"建新小学"，1956年改为"外马三小"，"文革"期间又改为"东方红一小"，"文革"后改名"外马一小"，1989年恢复"存心"校名。

1948年第一学期存心学校师生合影（蔡木通提供）

民国时期，存心善堂理事会对学校非常关心，理事经常到校督导工作，帮助解决一些问题。

当时存心学校采用全市统一教材，开设有国语、算术、珠算、语音、常识、尺牍以及图音、体育等课程，每节课仅30分钟。学校以考试推动学生学习，学生考试不及格者，差一分便由教师用教鞭打一下掌心。当时的教师大都由善堂理事或相关人员推荐，先填资历表，然后由校长、理事长面试，认为合格者，才发给聘书。沦陷时期，学校起初并不设日语课，后被日本占领者当局检查发现，学校只得请善堂理事朱卓三的儿子朱锐任日语教师，以应付检查。存心学校的教师除上课外，还担任一些善堂的临时事务，如1943年潮汕大饥荒，男老师多帮忙抬棺；1945 年美机轰炸汕头时，教师配合善堂救护队，抢救伤员送医院……

存心善堂理事会成员检阅存心学校学生童子军旧影（蔡木通提供）

存心学校创办次年，原五年级升六年级后，再招收一年级两个班，全校共七个班，此后不断发展，至 1949 年已有 18 个班，学生 700 多人。

1949 年 6 月 24 日，存心学校第六届毕业生临别留影，前排坐者分别为肖辉、陈枋廉、沈烈光、郑瑜、李慧琳（沈烈光提供）

1949 年 6 月 26 日，存心学校第六届毕业典礼留影（蔡木通提供）

1956 年前后全校有 24 个班，学生 1 000 多人。学生多是贫苦人家子弟，也不受年龄限制，各班学生年龄相差有好几岁的。初期报名人数百人，除个别身体有缺陷不建议入学者外，其余全部免费就读，并赠送书籍。学校给予学生一些优惠政策，成绩优良者可得到物质奖励，生病时可到存心医院免费治疗，困难者可在存心教养院免费理发，但不供应学生食宿。学校设有校学生会及各班班会组织，校风良好，纪律严明，一听校钟或信号响，全校师生立定静听。学生入校务处要站在门口喊"报告"，经老师同意方可进入。学生见老师或前辈出入要行礼，高年级学生要辅导低年级学生学习，帮助大扫除，搞清洁卫生，放学回家排队唱歌，遵守交通规则等。课外活动除定期举办书法、作文、演讲及各种体育比赛外，每学期还有一两次大型文艺会，如儿童节、恳亲会时的助学演出，有时为开展募捐活动，还到戏院演出。善堂理事会规定学校不参与政治活动，校内不设任何党团组织，对于各种政治集会，存心学校也很少参加。

2009 年，随着旧城区改造，存心小学教育服务片区多列入旧城改造项目，居民人口分流现象突出，生源锐减。在此背景下，汕头存心慈善会向政府提出建议，要求将存心小学改为特殊教育学校，针对孤儿、残障少年儿童实施基础教育和特殊教育，通过全托、全护理来照顾其生活起居。存心善堂这一善举，立即得到政府的大力支持和社会各界人士的积极响应，存心学校因此成为广东省第一所全托式义务特殊教育学校。存心特殊教育学校的创办，除了特殊教育的意义外，更大的意义还在于促进社会和谐，并在这个过程中更好地发挥民间力量，抛砖引玉，让更多的人参与到慈善事业中来。

七　侨小往事之摭拾^①

在 20 世纪 50 年代至 20 世纪 70 年代中期，汕头曾经有过一个"侨"字号学校——汕头市华侨小学。那是在特定的历史时期、为适应海内外侨胞需要而兴办的一所特色学校，是新中国成立后潮汕地区第一所由海外华侨及归侨侨眷捐资兴办的小学。其管理制度及教学特点颇具"侨味"，深受海内外侨胞的赞誉，产生了深远的影响，在汕头华侨史和教育史上留下了光辉的一页。

20 世纪 50 年代初期，许多华侨离开侨居地，携带家眷回国。在汕头，来自泰国、印度尼西亚、马来西亚、柬埔寨等东南亚国家的归侨及其子女日渐增多。有些仍居住在海外的侨胞，也将自己的子女送回国内读书。由于归侨子女及刚回国的华侨学生在生活习惯及文化程度等方面与国内同龄学生的差别较大，入学就读比较困难，因此，许多归侨、侨眷都迫切希望汕头能够筹办一所专门招收华侨子弟的小学。

1954 年 4 月，汕头侨联召开第四次代表大会，决定当年十月筹办汕头市华侨小学。侨联的决定得到汕头市委及市人委（即市政府）的重视和有关部门的支持，市长林川，副市长吕金湖、杨世瑞、李亮等都亲自过问和关照华侨小学的筹办工作。为了筹集建校的经费及筹划学校建成后的管理工作，侨联成立了汕头市华侨小学董事会，侨联主席许杰兼任董事长，王林伟等四人为副董事长，共有常务董事十八人，董事三十八人。

1955 年夏秋之际，校董会租用外马路"三牧楼"后一座二层的旧楼房作为临时校舍，以陈赞庭为侨小负责人，聘请林素贞等七位教师及一位工友为侨小教职员，正式招生三百人，设六个班，其中一年级三个班，二、三、四年级各一个班。汕头侨小成立的消息传到海外后，很多旅居海外的侨胞非常高兴，纷纷计划把子女送回汕头侨小就读。1955 年 9 月 12 日，汕头市华侨小学正式开学。

由于侨小租用的校舍楼房破旧，教室小、光线差、隔音差，相邻班级教师讲课时声音总是相互干扰。学生文体活动的地方也仅有教学楼后面一小块竹篷遮顶的空地，面积不到两百平方米，不能满足就读学生的需要。因此，很多归侨侨眷、海外侨胞以及学生家长通过各种渠道反映意见和建议，迫切要求筹建华侨小学新校舍。

1956 年 2 月 18 日，侨联向市人民委员会请示，要求拨给"外马路右旁涂坪旷地面积八亩作为建筑新校舍地址"。人民委员会接请示后，很快批复，要求送上用地草图，并通知建设局根据草图内容及用地需要予以丈量确定。3 月 30 日，

---

① 本节与张泰生合作。

侨联向人民委员会呈送了征地报告并附上华侨小学新校舍和侨联新址的《平面布置图》两份（当年侨联办公大楼和侨小新校舍两个项目同时规划，一并实施），请求审核批准，人民委员会即于隔日批复："交房管局会建设局办。"经审核和丈量，批准确定用地面积为15 600平方米，分批拨给。九月底，人民委员会同意首期征用涂坪土地2 205平方米，拨给侨联用以安排华侨小学新校舍和侨联新址。这样，新校舍在1956年10月3日动工。在随后的一年里，根据施工进程，人民委员会依照原计划继续批复及办理后续批次的征地和拨付手续。

在筹办华侨小学及兴建新校舍的过程中，许多海内外侨胞纷纷解囊支持，其中，蚁美厚先生捐赠一万元，安达公司的私方股东先后认捐七万多元，朱潮丰先生夫妇捐赠一万三千元，刘受之先生捐赠一万元；柬埔寨华侨捐建一座有八间教室的教学楼；林连登先生的长孙林文祥先生拿出了六千多元人民币，铺筑了学校巷道和侨联会址的埕地等。自1954年10月至1957年8月，总共收到捐款十七万多元，捐款人遍及泰国、新加坡、印度尼西亚、马来西亚、越南、柬埔寨、老挝等国家的潮籍华侨以及国内归侨侨眷。

在基建过程中，时任汕头市副市长李亮为华侨小学新校舍主持了奠基典礼。侨小新校舍与侨联新址的地域连成一片，基建工程同步进行。吕金湖市长几次亲临工地视察和指导，当时的中共汕头市委五位书记也曾一起视察侨联和侨小工地。专署侨务局、市委统战部、市侨务局等亦对侨小的基建工作非常关心。一些相关单位如市房管局、建设局、建筑工程设计室、五金木材公司、水厂、电厂、邮电局等也都对侨小的建设工作给予大力支持和协助。市人民委员会秘书长杨广秀主抓各相关部门的协调工作。经过一年的紧张施工，华侨小学新校舍和侨联新址终于竣工了。1957年11月6日，市侨联举行了华侨小学新校舍和侨联新址落成典礼，参加庆典有汕头市长吕金湖等海内外嘉宾有三千多人。

竣工后的华侨小学新校舍，有教学楼两座，是红砖外墙的混合结构的二层楼房，共有教室及办公用房十六间。

华侨小学校舍照片（张泰生藏）

这两座教学大楼之间相距十多米，中间除植树绿化外，还有墙报栏，后来又在两座主楼附近加盖了有四间小教室的平房校舍。此外，主楼的南面建有篮球场，两边树立了单杠、双杠，还开辟了供跳远、跳高的沙池，而操场则在大楼东面。

汕头华侨小学 1963 年毕业合影（张泰生藏）

硬件设施逐步完善的同时，侨小学生的课外生活也丰富起来，学生们经常到公园、广场开展活动，一张张老照片成为课外活动的留念。

1963 年华侨小学六（二）中队毕业生合影（张泰生藏）

华侨小学学生在中山公园秋游合影（张泰生藏）

当时，华侨小学属侨联自办学校，除了向学生收取学杂费外，其余经费全部是侨联向华侨、归侨和侨眷筹集，而教职工工资、学校日常费用等由侨联给付。1961 年，市侨联经报请市人民委员会批准，由市教育部门拨给经费，校舍扩建维修，教学设备增添等仍由侨联负责，学校的管理，则由侨联、侨务局和教育部门共同承担。1962 年 9 月，华侨小学办起了中学部，学校一分为二，派生出"汕头市华侨中学"及"汕头市华侨中学附属小学"。到了"文革"，侨联被迫停止活动，华侨中学（连同附小）由教育部门接管，学校改名为"红卫中学"（附属小学改为"红卫小学"），后来又改为汕头市第十二中学。1974 年，华侨小学完成了它的历史使命。据统计，华侨小学（包括侨中附小、红卫小学）先后培养了十七届共 2 500 多名毕业生，为国家的建设事业输送了一大批人才，其中涌现出不少先进、模范人物和优秀人才。华侨小学的校友中，有一部分人后来又重新回到原侨居国或港澳地区定居，成为新一代的华侨、华人。他们当中，许多人在事业有成之后，不忘母校培养教育之恩，积极回家乡开展经济贸易合作，投资办厂，兴办福利事业，造福桑梓。

八　画院成立大合影

业师蔡仰颜先生曾赠笔者一张摄于 1980 年、参加汕头地区画院成立典礼纪念的老照片，让人不禁想起 20 世纪 80 年代汕头美术事业发展中的一段往事。

蔡仰颜先生参加汕头地区画院成立典礼纪念合影（陈嘉顺藏）

潮汕山川，钟灵毓秀，有"海滨邹鲁"之美称。自清末以来，受得天独厚的民间艺术熏陶，吸取海派、闽派、岭南派之长，画家辈出。改革开放伊始，汕头便成为对外开放的沿海港口城市和经济特区之一，并由僻处海隅之地的闭塞状态变为"常得风气之先"。在各级领导的重视支持下，在海内外美术界的关注中，1980 年 9 月 4 日，汕头画院正式成立，院址设在中山公园内原农业展览馆，成为粤东地区唯一一所综合性的美术创作和研究机构。画院成立时，李可染为画院题额，刘海粟题赠"灵犀一点，精神万古"，关山月则题"喜看岭东新画风"。汕头画院成立初期，刘昌潮任院长，陈望、王兰若、谢海若任副院长，除秘书杜应强外，院长、画师均属兼职或聘请。1984 年 12 月，刘昌潮、陈望、王兰若任名誉院长，杜应强任院长，陈政明、赵淑钦任副院长，郑万广任秘书长，肖映川任副秘书长，并再聘请一批画师，其中包括中国画、版画、油画、水彩、水粉、雕塑等，阵容可观，门类齐全。画院内设展览厅及岭海画廊，为美术创作与研究提供方便。1985年初，画院迁入新兴路130号新址办公。

潮汕国画中的花卉、山水、人物三科俱全。更涌现出许多经历数十年艺术实践、造诣甚深、作品别有意境的老画家。创院院长刘昌潮，早年毕业于上海美专，擅画山水、花卉，尤长兰、竹，提倡以"理、气、趣"治画，糅合"真、草、篆、隶"笔法画竹，尤称独步，画风遒劲挺拔，老辣苍润，有"当代画竹名手"美称。老辈画家王兰若、王奔腾、郑辅宣、张学武、杨影、洪风、黄冰垠、杜达良、周振寰以及工笔画家蔡光远等，取材广泛，山水、花鸟、人物多方涉猎，均以不同的艺术气质，在各自的创作领域中显己之长。被誉为"滨海奇葩"的潮汕版画，在陈望等名家的带领下，表现了画家的时代意识与社会责任感。还有擅长水彩、水粉、雕塑的画师，也都体现了新的创作意念，以独特的艺术语言，追求造型艺术中的抽象与具象之美，富有哲理内涵。

作为全国范围内较早成立的画院，到1990年汕头画院成立十年时，已举办全院性展览4次，画师个人展览16次。画院经常与外地画院、美术团体联系，互相学习，交流创作经验，先后邀请全国及本省名家莅汕举办联展、个展共25次。1980年在广州、香港展出的"潮汕国画展览"以及1989年在北京中国美术馆展出的"汕头侨乡美术作品展览"，均以特有的地方色彩和艺术特色，给首都、羊城和香港等地的参观者留下了深刻的印象。

在对外文化艺术交流方面，该院画师先后多人到美国、加拿大、日本、泰国、新加坡、澳大利亚等国以及香港、澳门等地举办展览、访问、讲学或举行书画义卖。1989年11月，为配合第五届国际潮团联谊年会，汕头画院与其他同仁联合举办国际潮人书画大展，并出版大型书画特辑，汇集了来自美国、加拿大、法国、泰国、新加坡、马来西亚、澳大利亚以及中国潮人书画佳作，弘扬潮汕文化，增进中外文化交流和国际潮人的乡情艺谊。

在20世纪80年代，汕头画院先后出版了《潮汕国画家选集》《汕头画院作品选》等大型画册和个人选集共25本；又出版了《汕头画院画家作品系列》画辑20多套；还有大批美术作品发表于国内外报刊并参加省、全国和国际性展览，有的作品还被法国两次大战博物馆、中国革命军事博物馆、中国美术馆、广东省博物馆以及广州、深圳美术馆等收藏。有的作品获省鲁迅文艺奖，省优秀奖以及第六、七届全国美展银、铜牌奖。

坚持立足当地、深入生活的同时，画院先后四次组织画家到泰山、黄山、庐山、桂林、三峡、峨眉山、张家界以及美国、加拿大、东南亚各国和香港、澳门等地旅行写生，搜集创作素材，并访问各地美术团体和画家，广览博闻，增长知识，开阔艺术视野。又以"请进来"与"走出去"的方式，邀请全国成就卓著的画家举办学术讲座并作示范。每次画院的画家出访归来，常召开汇报会、学术讨论会、作品观摩会。还制定了每月一次画师例会制度，出版刊物，作为介绍潮汕艺术的阵地。任何艺术活动都必须以理论作指导，汕头画院历来重视搜集整理地方美术史料，编写画家史传，总结画家创作经验，研究相关理论问题。

　　回顾汕头画院在 20 世纪 80 年代的历程，可以看出，画院聚合了潮汕老、中、青画家的群体力量，对弘扬民族传统艺术和潮汕文化起到积极的作用，作为一个从事美术创作、展览、交流、收藏、研究和组织工作的公益性机构，为弘扬发展潮汕文化做出了应有的贡献。潮汕美术作为潮汕文化的一部分，它植根于潮汕文化土壤和源流中，在现代文明浪潮的推动下，不断拓展、深化和超越，以多样化、多层次、多面体的格局，在更高层次上展现潮汕特有的艺术风采。

九　元宵画会足风流

　　近代以来，潮汕美术界名家辈出，遍及海内外。20 世纪前半叶，有王远勃、陈镇庭、许奇高等人享誉画坛；1949 年之后，谢海燕、罗铭、赖少其、陈大羽等都在中国美术界负有盛名。不少潮籍画家是广东、北京、上海等地美术院校、美术机构的负责人和骨干力量，还有一批画家在海外如美国、加拿大以及东南亚各国具有一定影响力。

　　十一届三中全会召开后，政治上的变化改变了美术界的思想，中国美术进入一个"百花齐放"的局面。绘画的题材不再受到严格的审查，作品样式变得丰富多样，可以公开讨论关于艺术的问题，大家不再因为自己的一些言论和作品受批判，创作的空间变得更加开放。而汕头经济特区的成立，使汕头这个百载商埠重新成为海内外潮人关注的焦点，召开画会，让久别家乡的画家们回乡走走看看，成为一种趋势。

　　1982 年对于中国美术界来说，是不平凡的一年。在"文革"结束后，经过了近 4 年的实践探索和问题讨论，美术界已基本走向稳定的局面，稳定不是指美术界统一了认识，而是指针对当时美术提出的问题出现的几大线索及创作方式也出现了稳定的主流。此外，印象派和后印象派画家当年也第一次到中国集体亮相，美术理论家吴甲丰的《印象派的再认识》也于同年出版，这本为印象派正名、辩诬、恢复名誉的专著，从学术理论上让国人认识、了解印象派，使国人能以平常心看待这有百年历史的艺术流派。汕头元宵画会正是在这一背景下召开的，成为潮汕文化史上重要的艺术活动。

　　1981 年 12 月，在外的潮汕籍画家都接到以汕头市文学艺术工作者联合会和汕头市文化局联名发出的一份声情并茂的邀请书：

　　您渴别可爱的故乡多久了？您不见知心的画友多久了？

　　三中全会以来，潮汕城乡一派繁荣。人民生活无忧，精神解放，人也变美了。秋风鲈脍，张翰思归，值兹碧榄黄柑，花灯锣鼓的元宵佳节，您不想回来看看故乡的新风貌，把晤久别的故人吗？

……

开元重修，马（妈）屿新辟，故乡的名胜在向您招手。回来吧！啜醇酒，品香茗，新交旧雨，论艺谈心，乐何如之。亲爱的同志，回来吧！我们谨以热烈的心情，扫榻候光。

这是一篇潮汕文化史上堪称经典的文章，可惜不知出自谁家手笔，相信当时各位画家接到这份邀请书时的心情一定不会平静，定然有立即回乡的冲动。

1982年元宵节期间，来自广东、广西、江西、江苏、山东、陕西、辽宁和上海八个省市的谢海燕、张望、黄独峰等17位潮籍著名画家，以及回汕探亲的中国香港、泰国著名画家林耀、庄礼文、赵世光等人应邀参加了画会。汕头的老画家刘昌潮、王兰若、陈望等人也出席了画会。汕头党政领导非常重视这次画会，多位领导人出席了开幕式。

参加元宵画会的画家们和汕头市党政领导及画会工作人员合影留念（《汕头市元宵画会特刊》载）

汕头市元宵画会在刚落成的鮀岛宾馆举行，图为开幕式场景（《汕头市元宵画会特刊》载）

元宵画会开幕式会场一角（《汕头市元宵画会特刊》载）

画家们游览潮州开元寺（《汕头市元宵画会特刊》载）

画家们游览潮阳海门莲花峰留影纪念（《汕头市元宵画会特刊》载）

画家们参观汕头市工艺大楼的工艺产品（《汕头市元宵画会特刊》载）

画家们参观中山公园花苑陈列的元宵花灯（《汕头市元宵画会特刊》载）

画家们参观汕头市博物馆的明清藏画（《汕头市元宵画会特刊》载）

画家们参观中山公园花苑（《汕头市元宵画会特刊》载）

　　画会期间，画家们先后到汕头的礐石、妈屿，潮州开元寺、西湖，潮阳莲花峰等景点观光。画家们对这些名胜古迹正逐步恢复开放及重新修缮表示赞赏，并希望能进一步把这些风景区装扮得更加美丽、更有特色，以吸引海内外更多的游客。

元宵画会作画大厅一角（《汕头市元宵画会特刊》载）

画会期间，画家们一共创作了一百一十多幅书画作品。这些作品，功力深厚，题材广泛，形式多样，各具风格。有富丽堂皇的山水花鸟画，有高度概括的水墨写意画，有形神兼备的人物肖像画，有不同字体的书法。既有宏幅巨制，又有抒情小品，异彩缤纷，琳琅满目，美不胜收。值得一提的是，画会中，南京艺术学院院长刘海粟也应邀专程来汕观光、写生，到元宵画会作指导。他观看了出席画会的画家们的作品，并在多件画作上题诗、题跋，为画会增添了光彩。

画会中画家们作画的场景（《汕头市元宵画会特刊》载）

画家们欢迎刘海粟来汕参加画会（《汕头市元宵画会特刊》载）

刘海粟在礐石作画后与随行人员合影（《汕头市元宵画会特刊》载）

　　开展学术活动，举办讲座，召开创作座谈会，就如何繁荣美术事业共同进行交流和讨论，是画会一个重要内容。20 世纪 80 年代初，随着越来越多的国际交流的影响，美术界也出现了不少在思想内容上不健康、形式上又离奇古怪且为大众所不理解的作品。一部分美术家认为"背离理性，抽象地宣传人的价值、人性论，必将导致神秘主义，走上脱离现实和人民的自我心灵扩张的道路"。由此，对美术功能的讨论在界内成扩散之势。在汕头元宵画会的学术讲座中，几位发言的画家都或多或少地谈到这个问题，即从形式内容写实抽象的问题谈到了美术作用这一问题。画会先后举办了四个专题学术讲座，分别是沈阳鲁迅美术学院院长张望教授的《坚持〈讲话〉指引的正确方向，繁荣潮汕文艺创作》、广西美术学院副院长黄独峰教授的《解放后中国画的发展与今后的前途》、陕西国画院副院长罗铭教授的《谈山水、花鸟画》、中国美术家协会广东分会秘书长陈吾传达全国和广东省美术工作会议精神及广东省相关美术工作安排。这些讲座，从各个不同角度阐述了如何繁荣美术创作等问题，观点鲜明，内容丰富，是画家们的创作和教学实践的经验之谈，受到广泛好评。

元宵画会举行学术讲座 （《汕头市元宵画会特刊》载）

元宵画会的成功举办，取得了丰硕的成果，达到了预期的目的，也得到了海内外各界人士的好评。出席画会的香港画家赵世光返港后来函说："汕头元宵画会，其热烈欢欣之情况，已经传遍海内外各地。虽良宵苦短，然印象难忘。最近，美国画友也寄来当地华文报纸登载的《潮汕画家云集挥毫》的专题报道及元宵画会画家们的作画、艺术交流的图片等剪报资料，足见此一盛举对于文艺界影响十分重大。"

回顾元宵画会的成功举办，可以看到，这次画会聚合了当年潮汕老、中、青三代画家的群体力量，对弘扬民族的传统艺术和潮汕文化起到积极的作用。画会虽然过去了三十多年，但它深植在潮汕文化土壤和源流中，在现代文明浪潮的推动下，不断拓展、深化和超越，力求构成具有地域性的总体风格，而又具有多样化、多层次、多面体的多元创造的格局，在更高层次上展现潮汕特有的艺术风采。正是：

元宵画会足风流，当日鮀城快意酬。
一往情深归笔墨，天涯游子共遨游。

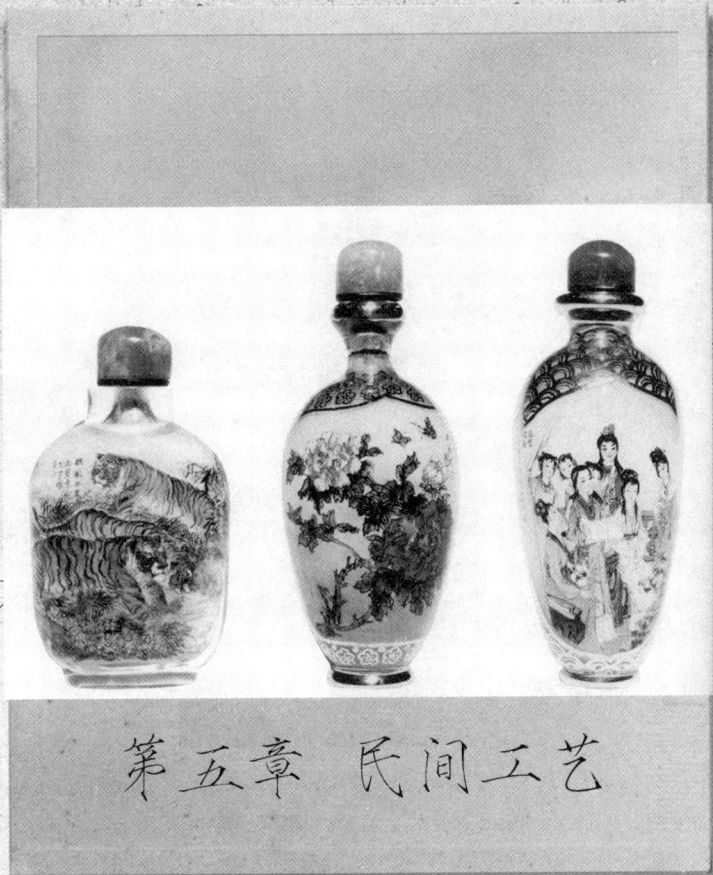

第五章　民间工艺

一 天孙为织云锦裳

抽纱，又名抽绣，俗称白纱，最早由西方传教士传入。1860 年汕头开埠，伴随着西方殖民者的进入，传教士们也在潮汕地区开始了传教活动。他们在汕头办学从医、设置救济慈善机构的同时，也在教会办的学校中教授妇女们学习抽纱手艺。

外国传教士、女教友、女婴与抽纱的老照片（陈传忠藏）

抽纱手艺初期只是在教徒内部之间传播。这些基督教会往往成立妇女学校，开设专门的抽纱课程，同时又设立抽纱工场，将妇女们制作好的抽纱销往国外。而抽纱所得利益，一部分作为工资发给妇女，另一部分则用于救济慈善事业。很多民众为了赚取工钱，纷纷加入教会，学习抽纱手艺。

在抽纱手艺得到广泛传播之后，有更多的教徒开始从事和经营抽纱业，并形成了男女教徒在抽纱行业上的分工——女性负责抽纱的制作，男性负责销售。由于传统性别观念的制约，抽纱产品的销售工作只由男性来担任，由此产生了一批专门从事抽纱收购与外销的潮籍男信徒。早期在汕头港周围有专门向来往洋船推销抽纱的"背包客"，他们身背装有抽纱等物品的包裹，常与洋人接触，掌握基础的外语。在积累了一定资本之后，他们便成立起从事抽纱贸易的公司。在 1903 年至 1907 年，汕头先后开办了四家华资抽纱公司，分别是"翁财源""汕头公司""华章公司"和"振潮公司"，而这时潮汕地区还尚无专门从事抽纱贸易的外资洋行。1920 年后，西方商人开始陆续到汕头投资办抽纱厂。1920 年，纽约的美乐洋行在汕头设立了第一间外资抽纱洋行。同时，一些留学英、美的潮汕教徒如林振声等，归国之后也集资做起抽纱生意，形成了洋行和华资竞争的局面。在商业贸易的基础上，抽纱工艺也迅速在潮汕地区传播，成为本地区的重要行业之一。

随着抽纱业的不断发展，其制作工艺也日益复杂。一件抽纱产品包含着不同的工种，在潮汕地区逐渐形成了地区之间的技术分工。首先在汕头将刚入口的西洋纱上印上抽纱的花样和手帕的图形；接着放工员会将布和纱线发放到揭阳的妇女和女孩手中，进行抽纱工序；完工后，放工员将这批布收回汕头；经检验合格，再将这批布料送到惠来的靖海进行"对丝"加工；加工完成后收回，将布料送至潮安加上精美的刺绣；刺绣装点完毕，布料又一次被送回汕头市郊或潮阳去，将抽纱部分用针线固定住，并把布料上的手帕剪裁出来，进而手工卷边；最后，由在汕头的抽纱工厂中完成验收、洗、熨、折叠、贴标签和包装的工作。经过这些复杂的分工操作之后，一条条精美的潮汕抽纱手帕便制作完成。

1920—1937 年，制作抽纱的浸信会妇女生产场景，工种从左到右分别是刺绣、穿珠、做流苏、做珠袋、钩针编织（美国南加利福尼亚大学图书馆藏）

在专业化的分工之下，抽纱制作的产量得到大大的提高。至 1939 年汕头沦陷前夕，潮汕抽纱业进入第一个鼎盛时期。1938 年，潮汕对外出口了 360 万打手帕、105 万套台布、18 000 公斤花边和 42 000 公斤用纱线编织的手套，出口金额达到 700 万美元，其中 70% 的产品出口到美国。

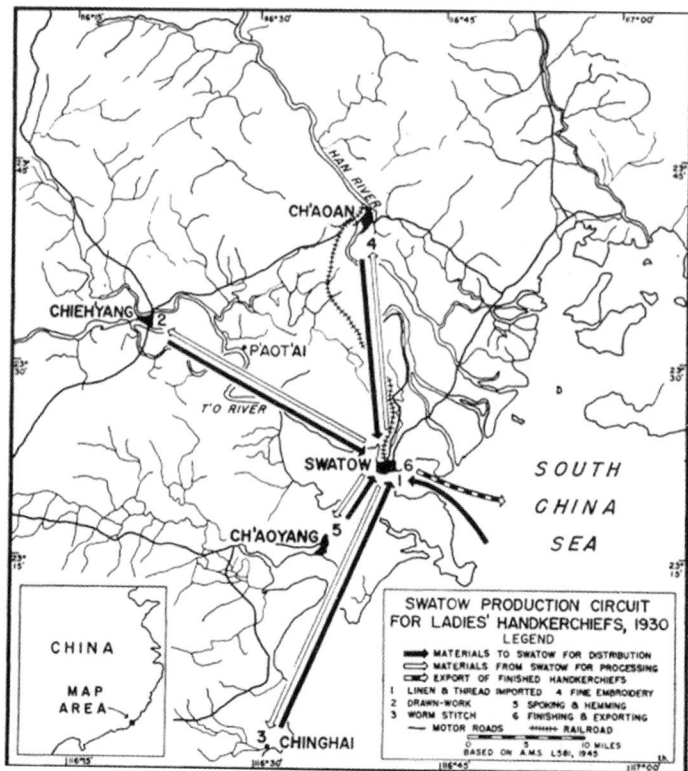

制作女式手帕的工序路线图（蔡香玉提供）

　　新中国成立之后，民国年间汕头众多的抽纱商号，如集盛、永阳、腾发、茂记、道记等，大部分进行公私合营，组建汕头抽纱公司，使面临困境的潮汕抽纱走上了新的发展之路。潮绣抽纱工艺也有了新的提高，新品种层出不穷，从普通的抽纱，发展成为雕平绣玻璃高档台布；从手帕、桌布、披风等原始形态，发展出女装、手袋等次生形态。而潮汕地区抽纱业无论在从业人员，还是在出口创汇产值、艺术水平等方面，均居全国前列。

　　潮汕地区自古就以出产具有浓郁地方色彩的潮绣而闻名，而抽纱便与这历史悠久的潮绣有着密切的联系，它因为融入了潮绣的艺术风格和工艺技巧，而在潮汕地区得以发扬光大。

　　潮汕抽纱是在一块质地优良的布料上，按花纹图案先抽去经线或纬线后，运用传统的垫绣、托地绣、挽窗等工艺，用丝线以不同针法绣制而成。抽纱多是实用工艺品，从其应用的范围和实际用途来看，产品的品种主要有台布、盘布、被套、床盖、枕袋、手帕、手巾、沙发套、靠垫、窗帘、琴罩、围裙、披肩、门帘等，还有绣花服饰、钩针衣、围沿以及各种花边小镶件。潮汕抽纱艺人在实践中对传统花式和西方图案进行艺术处理，融会贯通其精华。可以说，抽纱自诞生到现在，早已成为潮汕地区最重要的产业之一，至今仍是潮汕最具地方特色的一项民间工艺。

潮汕抽纱工种繁多，技艺复杂，又需要在产品中交替使用，表现手法达 250 种之多，其手法大致可归纳为抽通、刺绣、补布、钩编四大类。工种则有蕾花、补布、索边、抽缚、平绣、十字花和通花等。主要品种有手巾，毛毯类、合布类等作为装饰用物，既能美化生活，又是馈赠亲朋的珍贵礼品。

潮汕抽纱的特点是款式新颖、工艺精湛，而且实用美观。潮汕抽纱大多精致细巧，清新近人，也有富丽堂皇、高档大方的产品，最为突出的是抽通繁多，浮沉显现。潮汕抽纱图案构图精致，富有感情色彩，一般有自由图案、草尾图案、花边图案、角形方块图案、圆形图案、集锦图案等。在这些图案中，自由图案显得轻松自然，草尾图案表现浪漫奔放，角形图案追求严肃庄重，圆形图案象征美满幸福，集锦图案则体现富丽高雅。

由中国抽纱汕头进出口公司的黄汉通设计、陈振华设色、潮安县古巷抽纱厂绣制的玻璃纱绣花台布《双凤朝牡丹》，就是当代杰出的抽纱作品，代表了潮汕抽纱工艺的较高水准。《双凤朝牡丹》的规格为 72×108 英寸（约 1.83×2.74 米），绘取 652 只凤凰和 276 朵牡丹花，以中国传统工艺为基础，吸取欧洲工艺美术风格，陪衬菊花、梅花等，形成对称格局，在整个团上有 1 180 个虚实浮沉，大大增强了图案的质感。其图案布局层次分明，画面结构严谨统一，工种针法复杂，而线条流畅，虚中见实，色彩淡雅，运用潮汕抽纱中近百种针法，由潮州湘桥区 14 名技术高超的女工用半年的时间精心制成。《双凤朝牡丹》问世后，得到了国内外相关领域的广泛称赞，并分别荣获 1980 年慕尼黑第 32 届国际博览会金质奖章和 1981 年中国工艺美术品百花奖金杯奖。

此外，由潮安内坑村抽纱女工加工的高档玻璃纱台布，于 1972 年由国务院总理周恩来亲自赠给伊朗王后，轰动一时。这些抽纱工艺品都代表着当时潮汕抽纱的最高水平。

潮汕抽纱的进步和发展，与从艺人员的不断整理革新是分不开的。1992 年岭南美术出版社出版了由蔡俊兴编辑的《图案艺术精品集》，是对潮汕抽纱艺术的一次有效的整理。该书共收录抽纱图案几百种，赢得艺术大师刘海粟和汉学大师饶宗颐的关注，并分别题词赞美潮汕抽纱艺术。刘海粟题词称潮汕抽纱图案是"中国图案艺术精品"，饶宗颐则题曰"天孙为织云锦裳"。

钩通花（洪浩摄）

二 功能多样建新亭

亭是潮汕传统建筑的重要组成部分，一般为敞开性结构，没有围墙，顶部有多种形状。按功能分，潮汕的亭可分为休憩亭、纪念亭、碑亭、交通用的岗亭，以及祭祀用的拜亭等。

亭，单纯从工艺、技术的角度看，和其他建筑物的建造方式并无二致。如，拜亭一般是四角重檐歇山式顶，檐边为琉璃瓦当、滴水、花卉木雕檐板，亭柱上有木质雕花雀替，以花岗岩做柱础，四根花岗岩石柱刻有对联。《园冶》说亭"造式无定，自三角、四角、五角、梅花、六角、横圭、八角到十字，随意合宜则制，惟地图可略式也"。这些形式多样的亭，以因地制宜为原则，只要平面确定，其形式便基本确定了。因此，本节将从社会文化史的角度，对汕头埠的亭的历史与现状，进行一点介绍。

汕头埠的亭最集中处是汕头中山公园。亭不仅是供人憩息的场所，又是建筑群中重要的景点建筑，中山公园里几乎处处有亭。

公园假山最高处筑有一亭，既是仰观的重要景点，又可供游人统览全景；假山边也筑有数亭，其中最大的是七贤亭，四角重檐，古色古香，既衬托出山势的高耸，又临水隐于树木中，倒影成趣，半隐半露，含蓄而又平添情趣。

有意思的还有中山公园九曲桥上的亭，亭桥结合构成园林空间中的美好景观艺术效果，亭与桥既构成了水面空间分割，又增加了空间景观层次，成为不可缺少的景观建筑。人于亭内居高临下，可以纵情地眺望四面景观，近览水面游鱼，使得园景更富诗情画意，着实迷人。

中山公园九曲桥上的亭，1940 年明信片，协荣印书馆发行（陈传忠藏）

中山公园里济案纪念亭、高绳芝纪念亭、浩然亭这几座纪念亭更是必须一提。

1928年5月3日，日军制造了"济南惨案"，屠杀中国军民一万多人。汕头市民随即成立"汕头各界对日经济绝交委员会"，发动对日斗争活动，并于1930年建亭以作纪念。此亭是造型独特的三层城楼式凉亭，1939年6月汕头沦陷后被日军拆除。20世纪80年代，亭址连同周围片区建成馆花宫。

高绳芝纪念亭建于1931年，是一座六角形西洋式凉亭，高7米，是为了纪念高绳芝先生而建。高绳芝，澄海人，清末民初潮汕著名的实业家和社会活动家，积极支持民主革命，并筹建汕头开明电灯公司等，为建设汕头尽心尽力。当时的《高绳芝先生纪念亭记》载："先总理首义惠州，君倾家相助，邦人追念君功，建亭中山公园纪念。"

济案纪念亭旧照（《岭海名胜——汕头中山公园》载）

浩然亭位于公园里中道北面，是一座十六柱重檐庑殿顶凉亭，建于1932年，为表彰中山公园筹建委员会常委林修雍而建。林修雍，字浩如，澄海人，曾任澄海、揭阳、陆丰等县县长，"大元帅特派潮州善后委员会"委员等。据传，林修雍因贡献巨大，当时建园委员会拟将凉亭定名"浩如亭"以表彰他的业绩，他婉言谢绝，并为亭题名"浩然亭"。1933年，林修雍病逝，追悼会在此举行。该亭现经重建修葺，环境依然。

浩然亭照片（《岭海名胜——汕头中山公园》《潮梅现象》载）

公园外有一座暹罗华侨赈灾纪念亭，是为纪念华侨赈济"八二"风灾而建的亭，俗称"八角亭"。它其实只有六个角，然为何"六角"叫"八角"则有各种传说。现亭名改为"丰哉亭"。据郑镇凯先生介绍，在外马路也有座暹罗华侨赈灾纪念亭，亭名为"憩哉亭"，惜于20世纪70年代初建邮电大楼时将亭拆毁。差不多同时被拆的还有红亭，红亭位于公园路与博爱路之间，其建筑样式为飞檐的双层亭盖，整座亭是红的，亭上绘有一面国民党党旗。现在只剩下"红亭"这一地名。

汕头埠最出名的亭应该是小公园的中山纪念亭了。中山纪念亭原为一座开放式公园，称作"小公园"，建于1934年，所以中山纪念亭也称作公园亭。公园亭周边呈伞状分布着平安路、升平路、国平路和"四永一升平"等道路，是当年汕头埠的中心地带。

20世纪40年代军事明信片中的中山纪念亭
（陈传忠藏）

"文革"前小公园中山纪念亭的照片（陈嘉顺藏）

178

除了在公共场所的亭外，一些私家小院也筑有小亭，如崎碌的适宜楼内就有一座造型雅致的中式亭。

20 世纪 10 年代，汕头崎碌适宜楼内的中式小亭，汕头美璋照相印制（陈传忠藏）

此外，汕头埠的交通岗亭也值得一提，岗亭就是路口上的交通岗，主要是给交警休息、处理交通问题的地方。

光绪三十二年（1906），清民政部制定《交通暂行规则》，规定由巡警日夜指挥交通，按律处理违章。民国初期，维持交通和社会秩序的警察称为岗逻，又名守望，用手势指挥车辆，分驻各个分驻所，轮流值勤。1927 年，汕头开始设置第一批专职交通警察，至 1935 年已有交警 63 人。

20 世纪 20 年代，一名穿着短裤的交警站在安平路中央的交通岗亭里指
挥交通，汕头美璋照相印制（陈传忠藏）

在汕头设立市政厅之前，市内交通主要还是人力车、步行的人居多。随着车
流、人流的增多，交通岗亭开始出现，一般岗亭设置在车辆繁多的十字路、三岔
路等的道路汇合点，如安平路、至平路、商平路等。交通事故发生最多的场所也
设置岗亭，交警指挥交通有手势、指挥棒等方式。岗亭造型为蘑菇状，初建时盖
顶无交通信号灯，到 1940 年左右出现了盖顶上有红、绿两色信号灯的岗亭，红
绿灯由交警在岗亭里手动调节。

20 世纪 20 年代末的至平路，交警站在岗亭内指挥
交通，汕头美璋照相印制（陈传忠藏）

安平路上已经安装了红
绿信号灯的交通岗亭，1940
年明信片，协荣印书馆发行
（陈传忠藏）

汕头伪"善后维持会"成立，总商会前的交通岗亭（《日军侵略潮汕写真》载）

汕头伪"善后维持会"成立后，"庆祝游行"队伍路过一处交通岗亭（《日军侵略潮汕写真》载）

　　随着城市的发展，旧式交通岗亭已渐渐地淡出了人们的视线，但是汕头埠交通岗亭这道靓丽的风景所留下的历史痕迹却深深地刻在了城市的记忆里，并长久流传着。

三　屋顶斑斓数嵌瓷

嵌瓷，潮汕俗称"贴饶"或"扣饶"，也有人叫"聚饶"（台湾称"剪黏"），是以绘画为基础，利用各种彩色瓷片剪裁镶嵌贴在建筑物屋脊、墙体，作为建筑物的装饰品或供欣赏和摆设的一种民间美术，成为潮汕地区特有的建筑装饰工艺品种。自1860年汕头开埠以来，韩江流域各地的民众往往通过汕头港出洋"过番"，汕头埠因之也成为各地移民的聚居地，嵌瓷工艺同时也开始运用于汕头埠的建筑之中。

经过多年的锤炼和实践，潮汕嵌瓷工艺至清末已十分成熟。瓷器作坊专门为嵌瓷艺人烧制各色低温瓷碗，这些瓷碗被彩以各种色釉，色彩浓艳，经风历雨而不褪色。嵌瓷艺人将瓷碗进行剪裁之后，把陶瓷片镶嵌、粘接、堆砌而成人物、花鸟、虫鱼、博古等各种造型，皆寓吉祥、长寿、富贵之意，主要用来装饰祠堂庙宇、亭台楼阁和富贵人家的屋脊、垂带、屋檐、门额、照壁等。在这样的背景下，运用嵌瓷艺术进行美化，成为汕头埠不少传统建筑的一大时尚。在这些建筑物中，既有洪、林、徐、李等各大姓氏的祠堂，也有升平路头的天后宫、关帝庙和外马路的存心善堂。

清末存心善堂屋脊正面的嵌瓷照片（陈传忠藏）

汕头埠嵌瓷的题材都表达了美好吉祥的愿望，力求丰富多样，人物题材有神话传说、传统戏剧和民间故事，其中最具代表性的是装饰在存心善堂屋脊正面的嵌瓷。存心善堂屋脊正面的嵌瓷是"双凤朝牡丹"，线条粗犷有力，构图气势雄伟，色彩晶莹绚丽，以夸张的动态取胜；脊头、屋角、檐下的嵌瓷，则是取自《封神演义》《三国演义》《红楼梦》以及民间故事传说如《盗仙草》《宝莲灯》《郭子仪拜寿》等，创造了一个热闹非凡、寓意吉祥的神仙世界。

20 世纪 20 年代存心善堂屋脊正面的嵌瓷照片（陈传忠藏）

山田五郎所著《新汕头》台湾总督官房调查课 1927 年版上刊登
的存心善堂（蔡木通提供）

装饰在存心善堂屋脊正面的嵌瓷，是著名的嵌瓷名家普宁人何翔云（1880—1953）所作。何翔云本名金龙，少时师从名匠陈武州学艺。传说清光绪二十五年（1899）汕头兴建存心善堂，需要嵌瓷，善堂主事人邀请当时潮汕嵌瓷两大流派代表人物吴丹成和陈武州前来竞艺。按规定，竞艺开始时，双方各自用竹篾、帷布隔开，相互不能窥视。到完工之日，同时掀去竹篾、帷布，让主人和观众去评判，胜者名利俱获。当时，陈武州年事已高，只有 19 岁的何翔云挑起了大梁。在师傅指导下，何翔云匠心独运，在屋顶上创作出大型群组嵌瓷《双凤朝牡丹》，获得了主人和观众的一致赞扬。而吴丹成则发奋努力，呕心沥血三个月，塑出了《双龙戏珠》嵌瓷，与何翔云的《双凤朝牡丹》成为双璧。自此以后，《双凤朝牡丹》与《双龙戏珠》成为嵌瓷的代表作品。

"八二"风灾后，存心善堂屋脊正面的嵌瓷大部分被摧毁后的照片（陈传忠藏）

剪钳、磨石、毛笔、红糖浆和耐腐蚀性氧化物颜料，是何翔云和吴丹成制作嵌瓷的主要工具，嵌瓷的主要材料是瓷片及纸灰泥。而他们创作嵌瓷的方法，分为平贴、浮雕和立体圆雕（俗称"圆身"）等多种不同的艺术手法。其中，平面或浮雕工艺操作起来比较简单，趁纸灰泥未干时直接组拼粘贴即可。立体嵌瓷就较为复杂，要先用铁丝扎好骨架，制成坯胎，用纸灰泥堆塑成大致体形；再按不同部位将彩瓷剪成各种形状，有的大如碗，有的小如砂；然后以掺有红糖、烂草纸、桐油的泥灰浆为黏结剂，将瓷片钳剪成所需的形状；在瓷片背面涂上纸灰，按形状、大小、色彩的不同镶嵌拼贴于坯胎上，成为五彩缤纷的嵌瓷。

汕头濒海，因此台风对城市建筑的破坏非常严重，特别是 1922 年的"八二"风灾，更是近代重大的自然灾害之一。在台风的肆虐下，汕头各祠堂、庙宇上的嵌瓷都被摧毁殆尽。在天灾面前，潮汕各地全力投入救灾活动。经过几年的努力，汕头又焕发出生机勃勃的商埠气象，汕头各祠堂、庙宇上的嵌瓷也都得到修缮恢复。1950 年以后，汕头就开始有艺人尝试制作供陈设观赏的"嵌瓷屏画"，有挂屏、立体件等。这类嵌瓷，在原材料的剪裁、造型的设计到颜色的搭配上都尤其注重精工细作，有的作品不但填色描金，还缀上玻璃珠、胶片等，看起来光彩夺目，成为潮汕嵌瓷艺术珍品。自 1962 年始，潮汕的嵌瓷屏画就作为一种特殊民间工艺品，送到中国出口商品交易会上展出，吸引了不少外商的注意，先后有美国、英国、法国、加拿大、新加坡、泰国、日本和香港、澳门等十多个国家和地区的商人前来交易。

"文革"时，汕头埠的各座祠堂、庙宇上的嵌瓷被"破四旧"而毁坏殆尽，嵌瓷艺人被批斗，严重地影响了嵌瓷工艺的发展。

"文革"时，存心善堂屋脊正面的　　嵌瓷被破坏后的存心善堂屋脊（蔡木通提供）
嵌瓷被破坏的场面（王瑞忠摄）

改革开放以后，嵌瓷艺人恢复了创作自由，他们多制作具有观赏性的单件工艺品，镶嵌精工，技术较高。1990年之后，汕头埠的天后宫、关帝庙、存心善堂等先后重修，庙宇的屋脊正面再次成为嵌瓷艺人展示技艺的舞台。存心善堂在近年更是在善堂前建起一面嵌有九龙的大壁，称为"九龙壁"，九龙壁前面又有水浒一百零八好汉的嵌瓷，成为汕头埠一处新的民间工艺经典之作。

四　方寸大千瓶内画①

瓶内画又名内画，顾名思义就是在瓶子里面绘画。工艺师凝神提气，用特制的小笔从小仅容豆的壶（瓶）口进入袖珍玻璃壶内，力发手腕之上，以反手画法在打磨成乳白色的壶壁上，绘以人物、鸟兽、花卉以及书法等微型书画作品。其精微之处，可与象牙雕刻工艺、榄核雕刻工艺相媲美。

这种民间工艺与鼻烟传入中国有关。明末清初，西方社会流行的鼻烟及其容器鼻烟壶传入中国后，中国人开始对小小的鼻烟壶加以艺术加工，不断创新，逐渐形成了包涵多种艺术形式的中国鼻烟壶系统，形成了京、鲁、冀、粤等流派。而所谓的粤派鼻烟壶内画，实际上就是汕头瓶内画，始于20世纪50年代初的汕头，国际鼻烟壶界称为"桃江派"瓶内画。

"桃江派"得名由来，是1972年汕头瓶内画开始商业化、集体化发展时，内画壶作品的署款并不出现作者本人姓名、字号，而是统一标准：人物画类署"戈郎"，动物画类署"铁夫"，山水及其他作品署"虹生"，另外还有落款为"桃江

---

①　本节与陈景熙合作。

画苑"的。

出生于广东省汕头市郊的中国工艺美术大师吴松龄（1920—1998），是"桃江派"瓶内画的创始人，一代宗师。

吴松龄工作图（《特艺之光——中国工艺美术大师吴松龄》载）

吴松龄自幼喜爱绘画，12 岁开始随私塾老师学习国画。17 岁做店员，忙里偷闲作画，后来拜汕头画家黄史庭先生学习国画，打下了深厚的绘画基础。1950年后吴松龄开始从事象牙微雕艺术。1956 年凭借高超的微雕技艺，吴松龄进入位于汕头市居平路的国营古玩玉器营业部工作，接触到包括名家内画壶作品在内的很多古玩，对瓶内画作品产生了浓厚的兴趣。吴松龄既有厚实的绘画功底，又聪慧过人，经几年的用心摸索，终于自创了一整套"桃江派"瓶内画技艺。

在作品画路上，从吴松龄遗留下来的瓶内画的画稿来看，吴老的花卉作品依然沿袭了黄史庭作品的风格。不过，就传世的吴氏瓶内画而言，其作品题材广泛，山水、人物、花鸟、虫鱼、走兽等，无一不精，而且境界开阔，气势恢宏。

显然，在师承黄史庭的基础上，吴松龄又转益多师，自成规模。

吴松龄 1986 年的瓶内画作品

在工具上，京、冀、鲁派瓶内画都用直笔作画，吴松龄研制出一种曲笔，选用铅丝制成弯钩形的笔杆，在笔尖处镶上柔软而富有弹性的狼毫描笔。如此一来，其笔法与普通平面作画更为接近，更易于作业。

在瓶坯上，中国其他派别的瓶内画几乎都用扁平形状的瓶子，吴松龄开创了新的瓶坯，以圆润悦人的圆形为主，造型细分为梅胆、棒槌、观音、鱼尾、盾、

橄榄、萝卜等形状，最小的才高 5 厘米。以增加瓶内作画的难度为代价，提升了汕头瓶内画作品在国内同类工艺品中的竞争力。

在装饰风格上，中国其他地方瓶内画，特别是北方瓶内画，线条劲健、色彩纯朴，整体上具有端庄、朴素、大方的艺术风格。而汕头瓶内画的画面深受岭南派画风影响，线条纤秀，色彩浓丽典雅。更重要的是，国内其他流派的瓶内画，通常只有画面创作，没有其他装饰。汕头瓶内画则突破局限，内外装饰结合，将作品的装饰分为"画面"与"外装饰"两项。一件完整的汕头瓶内画作品，除了有内画装饰外，壶外还描以金线、加以珐琅彩，以营造多层次、立体感的金碧辉煌、瑰丽多彩的独特格调，展示出"小小方寸，胜似大千"的艺术魅力。

1972 年，吴松龄到汕头市工艺美术研究所工作，招收学徒，进行试产，正式开启了粤派内画中"汕头瓶内画"这一民间工艺流派。在吴松龄的传授下，汕头市瓶内画队伍不断扩大，到 1985 年已经形成一个拥有 63 名专业人员的汕头市特种工艺厂，每年完成瓶内画鼻烟壶 4 700 个，产品大部分出口。20 世纪 80 年代的汕头瓶内画处于鼎盛时期，但到了 90 年代，由于现代工业、商业经济冲击等原因，汕头瓶内画日渐式微，从业群体纷纷各谋出路，以至于瓶内画在近年被列为广东省八大民间工艺拯救项目之一。

即便如此，直至今日，吴松龄所开创的"桃江派"瓶内画工艺，仍然由他亲自培养出来的徒弟们继承和发扬着。

吴松龄的儿子吴泽鲲大胆创新了"瓶内画"，内外结合，富有立体感，在瓶内画家族中再绽奇葩。他精心创制的瓶内外画《松鹤图》，在 6 厘米高的灯牌型玻璃瓶上，用金色图案将瓶分成两个画面：一个画面是用珐琅彩在表面画上繁茂的绿竹，内壁上远处小溪流水，层峦叠翠，两只丹顶鹤或在引吭高歌，或在悠闲啄食，栩栩如生；瓶外画另一面上，春江岸边垂柳轻扬，桃花争艳，内壁上有一只鸭子在江水中嬉戏，随波逐流。此件作品被选送参加英国伯明翰 1985 年国际博览会。

吴松龄和儿子吴泽鲲，1972 年摄（《特艺之光——中国工艺美术大师吴松龄》载）

吴泽鲲作品（《特艺之光——中国工艺美术大师吴松龄》载）

雄风千里　　　　富贵图　　　　海堂诗社
赖乙宁　　　　　李伟娟　　　　陆丹林

吴松龄弟子的作品（《特艺之光——中国工艺美术大师吴松龄》载）

赖乙宁，1972年开始师从吴松龄，是他的第一批徒弟，几十年来坚持瓶内画创作。2006年，赖乙宁的瓶内画作品被作为国礼赠送泰国诗琳通公主。他在继承吴氏艺术手法的基础上，坚持探索，锐意创新。2009年，赖乙宁创作《而今迈步从头越》瓶内画以庆祝新中国成立60周年，这件瓶内画，不仅以绘制人物众多（二十多人）引人注目，最为特别的是整个画面采用了中西结合的画法：人物衣服、草地使用油画技法创作，体现质感和立体感；背景的山水，则以国画技法烘托氛围、抒写情怀。在上海世博会"广东周"活动中，赖乙宁还展出了吸纳京、冀、鲁派瓶内画特点的水晶壶《百鸟图》，用扁瓶造型展示粤派画风。

有意思的是，师承著名画家黄史庭并转益多师的吴松龄，不仅开创了"桃江派"瓶内画的民间工艺传统，培养出吴泽鲲、赖乙宁、翁汉堤、陆丹林、黄芳、李伟娟等汕头瓶内画师，也是其侄子——当代著名国画家、享受国务院政府特殊津贴专家吴泽浩的美术启蒙老师。

五　工业烟囱独树立

烟囱是最古老、最重要的防污染装置之一。作为一种排污工具，用来排除由燃烧引起的气体或烟尘，是一种把烟气排入高空的高耸结构，能改善燃烧条件，减轻烟气对环境的污染。烟囱可分为民用与工业用两类，随着社会的发展，特别是工业革命之后，烟囱已越来越多地在工业领域得到应用，烟囱也越建越高，以至从一个地区烟囱的数量便可了解该地工业实力。据说，1950年任北京市市长的彭真曾站在天安门城楼上南望时，对梁思成说："毛主席希望有一个现代化的大城市，他说他希望从天安门上望去，下面是一片烟囱。"这里，已经把烟囱视为现代化发展的一个指标。

汕头埠因商而立，工业非其所长，但在城市发展过程中，也出现了不少烟囱。最早出现在照片中的烟囱可能是 1906—1907 年时太古公司仓库后正在冒烟的一根烟囱，系太古公司人员所摄。

1975 年，乌桥北海旁，汕头罐头厂的烟囱在冒烟（王瑞忠摄）

因为烟囱与工业发展密切相关，到 1980 年前后，汕头乌桥和光华桥一带，以及韩江梅溪东墩大窑段的各家工厂，先后建成了多根大烟囱，大华路东边的染整厂、制药厂等企业，都建有高高的烟囱。

1978 年，光华埠工业区烟囱林立（王瑞忠摄）

1977 年，韩江梅溪东墩大窖段，玻璃厂和华侨糖厂的烟囱（王瑞忠摄）

1977 年，韩江梅溪东墩大窖段东岸，
玻璃厂和华侨糖厂的烟囱（王瑞忠摄）

1978 年，五七公路西侧沿途风光，
远处厂房左为汕头电化厂，右为农药厂
（王瑞忠摄）

1982 年，大华路东的染整厂和制药厂的烟囱，正在冒烟的是染整厂的烟囱（王瑞忠摄）

每当工厂开工，蔚蓝的天空便多了不少烟囱冒出的浓烟，令人郁闷。进入20 世纪 90 年代之后，由于产业结构调整和技术更新，汕头各家工厂的烟囱先后停用，有的已完全拆除。老照片留下的烟囱旧影，渐行渐远，记录了汕头工业发展的足迹。

六　简易搭棚不简单

搭棚作为潮汕民间传统工艺，广泛应用于楼宇的建设、翻新和修理上，搭棚作为临时工作平台，供工人进行高空作业，直至今天仍是建筑业不可缺少的工艺。在此基础上，艺人们演变出各种具有独特审美和仪式功能的搭棚工艺。

（一）工艺特色

潮汕搭棚开始出现的时间虽已无法考证，但搭棚业从搭建遮风挡雨的实用建筑变成一门民间工艺，至少有四五百年的历史。明传奇有《彩楼记》，潮剧《吕蒙正》也演此故事。该故事中，彩楼就是主要的道具之一。相传，明代潮阳建文光塔时，为让工人运石料上塔顶所搭的竹棚通道长达"一铺路"（约五公里）。

潮汕搭棚业从业者主要集中在交通、手工业和商业繁荣的府城、各县城及各大墟市。这些地方人口密集，有较为旺盛的需求。据调查，清末民国期间，以潮阳棉城的搭棚商号最为集中，有河东街大使宫的林春利、万福桥的林升利、桂桥的刘进合、吴两成及林财利等十多家专业从事搭棚的商号，搭棚业务扩展至香港、上海等地，至今还能找到一些数代传承的搭棚从业者。

1939年，妈屿岛上的草寮照片（《日军侵略潮汕写真》载）

潮汕搭棚的棚架以竹为主结构，在过去是用竹的表层剥开为薄条作为缚索，当代则直接用塑料条为缚索。在搭棚中，棚架的直杆或立杆称为"企柱"，横杆称为"横搭"，斜杆称为"斜撑"，常见的棚架分双行竹棚架、外伸桁架式竹棚架和招牌竹棚架三类。木板或竹笪为间格，上面盖草，称为"草棚""草寮"。

按实用分，有兵房、民房、凉棚、晒棚和建筑辅助棚等；而从仪式功能方面分，则有戏棚、醮棚、牌楼、灯棚、彩门、灯谜棚等，这些也称为彩棚、彩楼。彩楼的高度、宽度和深度视布置现场情况而定，最高可达数十米，从台脊、瓦楞、小檐、走水、屏风到圆柱、方棱、斗拱、匾额等，均用布拧扎而成。正面一般还悬有一方牌匾，写上戏班名或活动的主题等。过去潮汕地区的有钱人家里有人去世时，往往房外搭建临时竹棚做功德，为亡人超度，而在运送棺木的临时出入口、道路和码头等地方，有时还搭建祭祀牌坊和纪念性牌楼。

实用型的搭棚费用系筹建方支付，而搭建具有仪式功能的彩楼时，一般先由搭棚者组织一个临时机构，发动大家捐款或准备竹、枋、板、笪等相关物资，之后登记上账，写明捐助者姓名，然后根据需要进行搭建前的准备工作。而搭建过程中所需的人工绳索、架板、竹等物，均由民众捐助。

传统搭棚完全由艺人凭经验就地设计，并不经过严格的设计和计算，某种程度上存在力学缺陷，所搭棚架有时会出现不经风雨甚至在建筑过程中或刚建成时就歪斜倒塌的情况。

搭棚从搭建的位置和名称上可分为搭置在街面的和搭置在各家门前的两种。

其中横跨大街的彩楼，是搭棚中较难的工艺。它是由门柱、横梁、门楼、楼顶、脊檩组合而成，似古牌坊式样，门楼顶部制作与单层门楼相同；若是三门四柱的门楼，两边小门要比中门低，门楼顶部前后两处水斜坡和挑角用编织装饰，横梁脊檩匾额部分用彩布扭彩子并绑好匾额，门柱则用红布包裹或用彩布扭缠上去，并贴对联、挂灯笼。

（二）竹棚旧影

由于搭棚都是临时建筑，我们只能从老照片中追忆这个行业曾经的身影。

潮海关钟楼兴建时，外面就搭建了竹棚供营造者施工之用。在海关钟楼建成后不久，汕头中山公园内搭建了一座用竹、木、棚组成的戏棚——大同戏院，大同戏院竹棚屋拱形结构顶的跨度约 30 米，中心高度距地面超过 10 米，成为许多全市性活动举办时的首选场所。

外围搭建了竹棚的潮海关钟楼，老照片（陈传忠藏）

20 世纪 60 年代初，为宣传社会主义建设成果，奖先赏优，汕头市在中山公园举办了工农业生产评比展览会。展览会现场，活动主办方组织了一批工艺名家搭建了一座古色古香的竹棚，工艺繁缛，制作精良，形制庄严富丽，红柱、楼脊、画版、窗棂无不精美，画版上的人物、花草、虫鱼、禽鸟、走兽全部用竹丝精巧编织而成，体现了搭棚工艺的最高水平，堪称新中国成立后潮汕搭棚工艺的精品。

汕头专区工农业生产评比展览会，老照片（洪浩藏）

　　"文革"前，汕头市先后动工兴建光华桥、杏花桥，这两座桥建成通车时，都举行了庆典。为营造喜庆氛围，搭建的竹棚门楼，成了庆典现场的重要布景。

　　1965年8月15日，光华桥建成通车，缓解了汕头市马路交通的压力。在光华桥通车当日的庆典上，桥头搭起一座横跨道路左右的竹棚，正面横梁和门柱用红布包裹，横梁上书"光华桥通车典礼"，两边门柱是宣传口号，门柱上方是装饰彩旗。而1966年5月1日杏花桥通车时，桥两边同样搭起两座竹棚，形式和光华桥通车时的庆典门楼相同，只是横梁中间多了一面迎风飘扬的国旗。

汕头杏花桥建成通车典礼（王瑞忠摄）

"汕头市支持'红卫兵'小将倡议，扫除'四旧'，新街道命名大会"会场（王瑞忠摄）

相对于横跨马路的竹棚，在建筑物大门正面搭建竹棚则简单一些。如1966年在汕头新华电影院大门前，举行了"汕头市支持'红卫兵'小将倡议，扫除'四旧'，新街道命名大会"。大会以新华电影院大门正面为背景，倚门搭起大会布幕，上方是大会名称，左右方为宣传口号，中间拉上布幕，挂上毛泽东像及国旗，成为具时代特点的竹棚。

在新时期，随着潮汕传统民风民俗的恢复，搭建彩棚这一民俗逐渐回暖，在潮汕各类庆典活动中发挥着重要作用。如举行"汕头市首届潮州大锣鼓群英赛"时，在汕头博爱路与跃进路交界处就搭建起一座高达十米的竹棚，各参赛队伍先后从门楼下鱼贯而过。

"汕头市首届潮州大锣鼓群英赛"门楼
（李俊伟摄）

195

（三）特殊用途

潮汕的搭棚工艺不仅在平时发挥了不少作用，在战争年代也成为保护建筑物不受飞机投弹轰炸的重要设施。当时的搭棚艺人不仅在汕头小公园周围的南生公司等主要建筑物最高层搭建了竹棚，还在火车站停放的火车车厢上也搭建了多层竹棚。过去飞机投下的炸弹碰到东西便立即爆炸，有了这些竹棚搭建在建筑物的上方，避免了日军飞机投弹的直接破坏，使汕头埠的不少建筑物得到保护。

汕头沦陷后，日军随军记者拍摄的搭建有保护竹棚的建筑物照片 （《日军侵略潮汕写真》载）

在当代潮汕，搭棚工艺更催生了一项汕头市第二批市级非物质文化遗产名录——贵屿"街路棚"。贵屿"街路棚"据传始于明朝嘉靖年间，每年的农历二月初都模仿苏州庙会，举行连续三日的活动，场面浩大，内容丰富。新中国成立后，贵屿"街路棚"活动一度中断，1989年方得以恢复。

贵屿"街路棚"系一条长达1.6千米的亭式棚架，搭建在大街的中间，展出的书画工艺作品往往有数千件，其中既有清代和民国时期的名家字画，也有中央、省、市领导的题词和社会知名人士的墨宝，此外，还有摄影、剪纸、雕刻、邮票、古今钱币、纪念章、刺绣、活景等工艺品，赋予了搭棚这一传统民间工艺更多新的内容。许多慕名到此的游人，莫不为丰富多彩的文艺展示而赞叹不已，中央电视台、广东电视台曾作专题报道。活动期间，各村（居）还组织潮乐社、英歌队等出游，海外乡亲也多在此时回乡，让传统民间工艺在传播的同时，带动了当地的相关产业兴旺发展，使"街路棚"活动更具鲜明的特色和风采。让我们在清代《潮阳县志》对"街路棚"的写照中结束本节的介绍：

> 艺苑迷离眼欲盲，万方货物列纵横。
> 举头天不分晴晦，路窄人皆接踵行。

七 动物造型彩扎成

汕头埠的动物舞蹈主要应用于民俗活动，时年八节、婚丧喜庆、游神赛会时，舞蹈所需的龙、狮等道具，都是彩扎工艺创作的表现。彩扎是中国民间工艺中的一种传统仿真艺术，也是综合性很强的手工艺术品。制作彩扎工艺的作坊，潮人叫"糊料铺"。民国年间，潮汕几乎所有墟镇都有此类手工艺的生产，尤以潮安城、饶平的黄冈、澄海的城关、揭阳的榕城、棉湖等地最为出名，各地出产的彩扎，通过汕头埠远销东南亚、欧美等20多个国家和港澳地区。

彩扎一般运用竹枝、铅线、木、纸、泥等材料扎捏成物体的架子，定型后再粘、连、穿、饰以各种丝绸缎布和金纸银箔，形成一件彩扎工艺品。在艺术处理上，彩扎的形象整体精炼，特点突出，装裱平正，或贴以剪纸，或彩绘图案，或刺绣花纹，集中了各种工艺装饰的长处，多姿多彩，琳琅满目。汕头的民间动物舞蹈多种多样，主要有龙舞、狮舞等，深受民众喜欢，每当有重大活动，汕头周围的民间动物舞蹈表演队伍就会汇集汕头，各展技艺，也展示一件件精致的彩扎工艺品。

从洪浩老师拍摄的舞龙照片中可以看到，彩扎的龙气势磅礴，龙的头部由角、耳、眉、额、鼻、腮、水须、胡须、发、舌、齿、獠牙、唇等部位组成。龙头下颌至额高以及头部正面的宽度都接近一米，在额与下颌还含有"如意头"；龙头的下须分别用剑麻绒染成金红色和草绿色，使整个龙头饱满而富有变化；龙的两眼炯炯发光，张牙舞爪，触须飘动，鬣发奋扬，威风凛凛，神采奕奕，活灵活现。龙身由十多个硬节连接组成，以竹、藤及铁线扎成骨架，结构细密精巧，使龙舞动时能上下左右转动自如；龙的外层饰上丝布并绘上鳞片，还用闪光珠片缀成龙身。舞龙时要几十人互为交替、多种舞步相互配合，特别是龙头重达数十公斤，舞动时产生的气流及风阻，加上龙身的拉力，使舞龙的难度非常大，但舞龙者凭借其高超的技艺把龙舞得上下翻飞，赢得观众一片喝彩！

舞龙之外，汕头埠最多的便是舞狮。狮的形象粗犷威武，勇猛强悍，象征着勇敢和力量。汕头民间艺人创作的彩扎狮，造型威猛，狮头以戏曲面谱作鉴，狮头额高而窄，眼大而能转动，口阔带笔，背宽、鼻塌、面颊饱满，牙齿能隐能露，色彩艳丽，制作考究，狮头上还有一只角。汕头沦陷时期，伪政府曾组织舞狮表演，由两人扮演一头狮子耍舞，另有一人头戴笑面"大头佛"，手执大葵扇引狮登场，引来许多市民围观。

1949年11月25日，在庆祝汕头解放大会的游行队伍中，也有舞狮的身影。

除彩扎龙、狮外，各类彩扎动物亦层出不穷，彩扎的蜈蚣、鳌鱼、龙虾、双鹅、骆驼等，同样是潮汕彩扎艺术中的精品。民国年间，汕头礐光中学的学生甚至在卫生大运动中制作了苍蝇造型的彩扎以宣传苍蝇的危害，呼吁大家养成讲卫生的好习惯。照片中右下方的两只苍蝇造型，各由一人抬举，犹如正在飞动的苍蝇，活灵活现，颇具特色，引人入胜。

舞龙（洪浩摄）

汕头沦陷时期，伪政府组织的舞狮表演（《日军侵略潮汕写真》载）

1949 年 11 月 25 日，庆祝汕头解放游行中的舞狮队（陆山海摄）

民国时期礐光中学学生卫生宣传活动中的彩扎苍蝇（美国南加利福尼亚大学图书馆藏）

彩扎动物，展示了潮汕地区丰富生动，而又精彩奇妙的民间工艺。现在这些彩扎动物除了在民俗活动上表演之外，也应政府之邀进行表演；其功能从原来的只满足于传统民俗活动的需求，逐渐过渡到蕴含更多现代化元素的娱乐需求。

八　风雅精致鲨壳扇[①]

盛夏热浪袭来之时，现在千家万户均以电风扇、空调等电器纳凉消暑。而在清代至民国年间的潮汕地方社会，曾存在过一种名为"鲨壳扇"的手工精细、彩绘清雅的纳凉用品，供本地暨周边地区人士特别是社会中上流人士使用。

薄如蝉翼曲如弓，制自金闺素手工。片片凉云清入梦，丝丝斜竹运成风。
写来秦女乘烟去，感罢班姬已箧中。最恼元规尘万叠，九化障到遽匆匆。

这是清末洋务先驱丁日昌《百兰山馆古今体诗》中的《蓬洲扇》。蓬洲扇是因为当年出产于汕头埠西北部桑浦山边的蓬洲村而得名，由于蓬洲扇形似鲨，所以也称作"鲨壳扇"。"鲨壳扇"作为清代潮州府的名产，到清末潮州府城也有出产，因此又简称为"潮扇""潮州扇"。

---

① 本节与陈景熙合作。

199

鲎壳扇起源的具体时间，目前难以稽考。但据清代乾隆、嘉庆年间传世的小说来看，当年的闽南粤东一带，鲎壳扇早已走入寻常百姓家，是信手可拾的常见之物。广东省博物馆就收藏有两把清代的潮州鲎壳扇。一把是"彩绘山水人物故事图象牙把潮州鲎壳扇"，扇长29厘米，宽24.5厘米，象牙柄，竹编边框，绢锦包边。扇面上以设色水墨彩绘文人休闲图：庭院一角，五位文士或坐或立，悠然弹琴，沉吟诗句，旁有一茶童侍茶；近处设一奇石，奇石之前后，芭蕉、修竹参差掩映；远处一抹湖山，一叶扁舟荡漾于潋滟水波之上；山峦上空，一只红蝙蝠翩翩而来。扇左侧有"杨仁开选庄"朱文款。

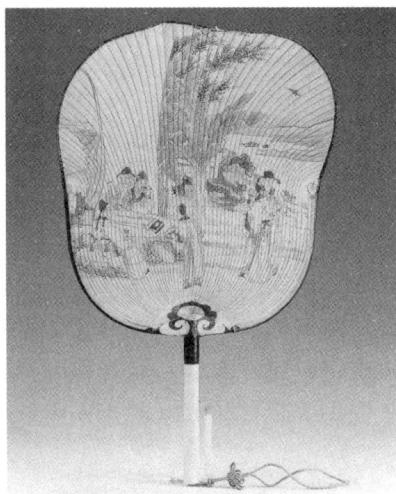

彩绘山水人物故事图象牙把潮州鲎壳扇　　　　　彩绘刘海戏蟾图竹把潮州鲎壳扇

另一把是"彩绘刘海戏蟾图竹把潮州鲎壳扇"，扇长25厘米，宽22厘米，扇骨和扇柄均为竹制，用细线将60枝极细匀的扇骨编排成扫帚状，两面糊纸，再以绢锦包边成扇。扇面彩绘"刘海戏金蟾"的故事情节。

不难想象，一把精细雅致的鲎壳扇在手，谈吐之间，便流露出一种温文尔雅的气质。有意思的是，在清代到民国年间的岭南地区，喜欢鲎壳扇的人，不仅有丁日昌这样有身份的士大夫，也有附庸风雅的"下里巴人"，还有外国传教士、教会学校教员。在美国南加利福尼亚大学图书馆所藏的老汕头照片中，有两帧出现了鲎壳扇的身影。

一帧是1918年至1922年汕头其芳照相馆拍摄的基督教会主办的汕头女子学校的教员合影照，合影照中既有身着欧式服饰的外国女教师，也有身着"五四装"的中国女教师，还有身穿白长衫或白长衫加黑马褂、脚穿唐鞋的中国男教师。其中左起第二位的中国男教师，就手持一柄鲎壳扇。

汕头女子学校的教员合影（美国南加利福尼亚大学图书馆藏）

　　另一帧老照片更耐人寻味，其具体拍摄时间不详，但肯定是清末民国期间的影像记录。这幅照片是"蒙席"（天主教荣衔）梅洛（Monsignor Merel）和他管辖下的汕头一带的天主教传教士的合影。照片中的人物，清一色的都是着中式服饰的西方人士，"蒙席"梅洛身着白长衫，外套黑马褂，正襟危坐于正中；其身旁的十四位传教士则身着长衫、脚穿唐鞋，最右侧的那位白色长衫者，即手持鲎壳扇，扇面上绘有高士骑驴于树荫下的图案。这与 1910 年身着长衫、手持传统折扇，坐在水烟和插梅瓶旁边的都必师神父可以交相辉映，共同反映了清末民初外国人在潮汕社会生活的一个侧影。

天主教传教士合影（美国南加利福尼亚大学图书馆藏）

1910 年在汕头天主教区的
都必师神父照片（美国南加利
福尼亚大学图书馆藏）

我们从这两帧老照片中得到的印象是，鲎壳扇在清末民国年间的华南地方社会中已经和长衫、长袍马褂、唐鞋等服饰一起，成了一种象征儒雅的中国传统文化符号，以至于努力寻求基督教中国化的西方基督教人士，也入乡随俗地把鲎壳扇作为将其自身打扮成地方人士所认同的"先生""文士"等具有文化正统性的社会形象的行头之一。

可是，鲎壳扇到了民国后期却陷入了黯然的停顿状态。20世纪60年代时，蓬洲籍潮汕著名书法家陈赞廷（陈丁）曾向时任汕头市工艺厂厂长的乡人林子祥建议恢复研制鲎壳扇，并由陈丁向汕头博物馆借得馆藏两柄鲎壳扇供工艺厂作为样品，由陈丁之弟陈赞伟向民国时期曾经制作过鲎壳扇的老艺人学艺，制作了一批样品，但未投入批量生产。林子祥之弟林景祥亦曾根据鲎壳扇的制作工艺，制作了一些可供家居摆设的大扇，批量生产，在广交会上获得了一些订单，但最后也归于沉寂。

"墙里开花墙外香"，在潮汕本地无奈地成了"历史文物"的鲎壳扇，其制作工艺却在遥远的四川省德阳市传承至今，并于2006年以"德阳潮扇"之名被评为"德阳市非物质文化遗产"；2007年更以"德阳潮扇传统工艺"的名称，被四川省人民政府、四川省文化厅授予"四川省非物质文化遗产"证书。

"他山之石，可以攻玉"。当我们惊艳于清代潮州鲎壳扇的风雅精致，感慨于德阳潮扇的传承有序时，我们是否也憧憬着潮扇归来的如梦愿景？让我们在清末著名民族英雄丘逢甲的《蓬洲扇》诗中，结束本节的讨论吧。

竹丝细织柄牙棕，茧纸匀糊尺幅中。侧帽曲遮花外日，曳衫轻送柳边风。
画摹石谷神何肖，制出金城样更工。等是蒲葵称粤产，奉扬惜少晋诸公。

九 龙舟工艺潮汕造

赛龙舟是端午节的一项重要活动，在中国南方很流行，现已被列入国家级非物质文化遗产名录。早在明清时，潮汕各地在端午节期间就已有赛龙舟活动，如清雍正《惠来县志》卷十三载："端午……于溪港池塘集舟竞赛，夺取旗标。"而乾隆《揭阳县志》则载："（端午）自一日起至五日，江浒竞渡龙舟，或以花红赏捷者，官府士夫各设酒馔往观。"除了潮汕乡村在端午赛龙舟外，作为新兴城市的汕头埠，也曾经利用中山公园的玉鉴湖举办龙舟赛。

1982 年在汕头中山公园举行的赛龙舟（王瑞忠摄）

《潮汕百科全书》载：龙舟为龙形的船，大小因地而异。潮汕地区的龙舟，以揭阳为代表，属大型龙舟，舟长 32～34 米，宽 1.4～1.6 米，高 1.8～2 米（舟底至龙头最高处），设 25.5 对桨，鼓手、锣手、舵手各 1 人，共 54 人。以潮安的庵埠、彩塘、东凤一带为代表的龙舟，属中型龙舟，全长 18 米，宽 1.3 米，17 对桨，鼓手、锣手、舵手各 1 人，共 37 人。而澄海则有一种 10 人以内的小型龙舟。现在潮汕地区的龙舟多是产自揭阳锡场镇潭王村和潮安庵埠。

赛龙舟最重要的工艺是造龙舟，潮汕的龙舟形式大同小异，无论大小龙舟，一般都有请龙、动工、起名、祭龙四道工序。当乡村决定造龙舟时，先要择日到村内神庙"请龙"，即向神明禀明要营造的龙舟一事，之后就是动工制作。

动工前先要选材，龙舟多选用轻巧的杉木、柚木来制造。当木料选好后，艺人还要选择吉日良辰为制新龙的木料开线落墨，为第一根立起来的龙骨架参花挂红，以示庄重。接下来便是整条龙船制作的开始，具体工序分为：扎龙骨、制船底、上大板及绞栓、钉龙根、造坐凳、钉外板、钉内板、装弦口、扎龙缆等，完成这一系列过程快的话也要 20 天。

龙舟的建造分为龙骨、外板、内板、坐凳等；中间有大鼓架、铜锣架等配件。其中最重要的是龙骨，又叫龙缆，相当于龙舟的脊椎，龙骨的强度和弯度决定着龙舟的结实程度和弧度，贯穿整条龙舟，是整条龙的核心部位。揭阳造大型龙舟的龙骨一般由两根各约 15 米长的杉木连接而成。为使龙骨弯曲，让龙舟两头高高翘起，直径约 30 厘米的杉木龙骨要被顶起固定多日，以达到所需的弧度。

做好龙骨后，艺人就要以先中间后两边的顺序，在两旁从底骨往上安插旁板，底骨两边为脚板，船双侧是大板和花板，大板和花板决定龙舟的最终形状和流线型，也决定了龙舟的破水能力。组成龙舟的木与木之间不利用任何黏合物质，靠人工把木边磨平，并用最原始的锤子钉入钉子，为防止进水，每隔一寸就要钉上一颗钉子。龙舟的舟身制好后，要细心地吸尘，均匀地刷上桐油，再画上麟片以及"八宝"（即八仙所执的法器），"八宝"之间有祥云相隔，这样舟身的装饰才算完成。

完成了舟身的制作，艺人还要制龙头、龙尾。龙头、龙尾都是下水前才装上的。龙头以樟木雕刻，工程同样繁多：木料开料、放样、雕刻、成型、打磨、上色……一样都不能少。制作好的龙头龙嘴张开，龙牙整齐成排，龙头成型后，还得为龙头安装上鼻球、龙须、龙舌，龙舌用弹簧挂住，能左右摆动，一伸一缩，显得活灵活现。龙眼上突圆睁，以显示出霸气。龙嘴上腭用钢丝弹簧挂上两个大红缨，往前向上伸展。龙角是鹿角造型，有双角也有独角，都要涂上耀眼的金粉，龙角两边束上用红绸扎成的大红花垂到临水面。龙头后端是精工雕镂和描金彩绘表示龙发的龙匾。龙匾有的是上面1片，左右各1片，共3片；有的是上面1片，左右各2片，共5片；有的是上面1片，左右各3片，共7片。龙颈正中画上八卦，上端和两侧画上麟片与龙身相连。龙头制好后，还要制龙须，一般是挂上白须，信奉关公的乡村则挂上黑须，而信奉观音菩萨的则不上龙须。此外，龙尾大多数是用一整块木料雕成，上画鳞甲，青金相间。

龙舟完工后，还须为龙舟起名。起名的人多是乡村中有名望者，起好名后，便绣在牙边的三角旗上，三角旗是插在龙头后上方的，龙舟的名号即成为其所属乡村的名片。

有了名号之后，要择日举行祭龙仪式。制作龙舟的艺人事先把龙头和龙尾单独安放，祭龙前再把龙头、龙尾安装上，并在龙舟上设一个"神位"，请来村里神庙神明赐下的神符贴在上面，这时候要放鞭炮，同时请村里德高望重的人为龙头来开光点睛，一条龙舟才算制作完成，可以下水启用了。

在现代社会，赛龙舟已成为联系乡谊的感情纽带，更是海内外潮人热爱乡土的情结，每年端午赛龙舟，总有很多旅外乡亲回乡观赏。2012年、2013年端午节，汕头湾先后举行了"中国·汕头海湾龙舟赛"，各支龙舟队在汕头湾海域上展开角逐，场面盛大壮观。

第六章　岁月峥嵘

一　太古仓前留壮影

辛亥革命前后，中外人士留下了数量可观的摄影作品，而中国近代出版翘楚——商务印书馆在 1911 年 11 月至 1912 年 4 月出版的全套十四册《大革命写真画》（此大革命即辛亥革命），便是当时反映辛亥革命进程的影像作品集。这批影集为横开本，暗绿色漆面布脊，共有 600 多帧照片，每帧照片都附有中英双语说明文字。照片内容从武昌起义、南京光复至广东光复等，各派要员及军民等人的影像成批呈现，其中就有四帧系摄自汕头埠。

这四帧照片收于《大革命写真画》第六册，分别如下：

"Officers of Different Divisions of the Ch'aochow Revolutionary Army for the Northern Campaign，Kwangtung"，潮州北伐各队之军官

"Different Divisions of the Ch'aochow Revolutionary Army for the Northern Campaign Manoeuvring at Swatow"，潮州北伐各队在汕头会操

"Different Divisions of the Ch'aochow Revolutionary Army for the Northern Campaign Making Preparations for the Manoeuvre", 潮州北伐各队会操前之预备

"Different Divisions of the Revolutionary Army for the Northern Campaign and the 'Southern Progression' Corps of Ch'aochow Manoeuvring", 潮州北伐各队与南部进行队合操

　　之所以引用英文说明，主要是其明显比中文说明详细，估计照片是外国人拍摄后，由商务印书馆出版时译成中文。四帧照片中，只有一帧写明是摄于汕头，但将四帧放在一起，就可以看出它们应该摄于同一地点。而令笔者感兴趣的是，这些照片背后又有什么故事呢？

　　1911 年，辛亥革命前夕，"山雨欲来风满楼"，岌岌可危的清政府正处在风雨飘摇之中。10 月 10 日，武昌起义爆发后，各省纷纷响应。潮汕的革命党人也聚集汕头，联系革命同志，准备举事。为统一行动，汕头革命党人成立统筹部，张立村为部长兼起义军临时司令，孙丹崖为副司令，谢鲁选、黄虞石掌编制，王翌黄、陈励吾掌军务。革命军一面派员往香港及东南亚筹集军费、枪械，一面组成约 1 500 人的敢死队，为起义作准备。此外，还有梁金鳌、何子因、张玉堂等人，也各树一帜，组织举事。

此时，全国各大城市纷纷举事，汕头民众也闻风而动，提出自治、自保，统收财政、巡警权等措施，推举各界知名人士主持军政。经推选，高绳芝、曾幸存主财政，黄虞石、魏潜之主军政，叶楚伧、吴子寿为机关部负责人。可是由于潮州知府陈兆棠的干涉，汕头自治之事终未成功。

在革命形势发展日趋明朗之时，潮汕的革命军计划 11 月 12 日先进攻潮州城，再光复汕头。11 月 9 日，广东宣布独立消息传到，汕头革命党人即起响应。次日，梁金鳌宣布起事，以正始学校为指挥机关，孙丹崖率军围攻惠潮嘉兵备道驻汕头行辕。夺得行辕后，汕头潮巡署、督办署、镇守使署、潮梅署后处等机构随即成立。同时，革命军各部出兵收缴巡警局、巡防军的武装，占领电信、银行、盐运、交通运输等部门，控制了潮汕铁路，至此平定了汕头埠。汕头光复后第三天，高绳芝被推举为汕头"全潮民政财政长"。

汕头光复后，因各派势力互不统属，为申明军纪，统一指挥，11 月 11 日，在汕所有的武装力量统称为粤省第四军，张立村任司令长，孙丹崖任副司令兼执法官，谢鲁选为参谋长，张则通为秘书官，派杨日新监守大清银行，曾幸存监守交通银行，陈玉潜、林汉章负责邮电部门，高绳芝管民政。这样一来，整个汕头埠便都控制在新政权之手。

随后，由孙丹崖率军攻打潮州府城，《大革命写真画》中的四帧照片可能就是摄于这一时期。兵备道道员吴煦、海阳县令谢质仓皇出逃，总兵赵国贤因走投无路而自杀，知府陈兆棠在革命军火烧府衙及镇海楼时潜逃未遂，被捕后处死。至此，潮州宣告光复。在《大革命写真画》中，有两帧照片分别为"Revolutionary Troops Ready to Fall Upon the Prefect's Yamên, Ch'aochow"（潮州民军预备进攻府署）和"Ruins of the Former Prefect's Yamên After Engagement, Ch'aochow"（潮州府署被毁之状）。相信下面这两帧照片连同前面四帧汕头埠的照片都是摄于同一时期。相比而言，潮州的两帧照片更频繁地出现在各种文献中。

"Revolutionary Troops Ready to Fall Upon the Prefect's Yamên, Ch'aochow", 潮州民军预备进攻府署

"Ruins of the Former Prefect's Yamên After Engagement, Ch'aochow"，潮州府署被毁之状

　　笔者更希望能寻觅到拍摄照片的地点，但时间已过去百余年，沧海桑田，只能从清末的老照片中去寻找答案了。在太古公司网站上的清末老照片中，笔者发现了相关线索。

　　汕头埠开港通商后不久，西方国家和中国招商局先后在港区建造了堆放货物的仓库，其中以英国太古公司的仓库数量最多。抗战期间，汕头埠100多间仓库大部分遭战火破坏，战后经重建，至1950年，有招商局仓库22座、怡和洋行仓库5座、太古公司仓库50座，均用灰沙铁梁、瓦以及木材等建成，分布于招商路海旁及海关左侧至至平路口一带，完整可使用的有42间，容量29 646吨，太古公司的仓库数在汕头的占有率超过三分之二。

　　汕头太古仓库的照片在其网站上称为"太古公司的物业"，大部分摄于清末，如一幅名为"太古公司的汕头物业"（Butterfield & Lower Property in Swatow）与本节第一幅图相比，可清楚地判断两张照片是从两处相距不远的地方拍摄的，而太古公司仓库的具体细节，则可与另外数张太古公司的汕头物业照片对比，而太古仓库的远景及周围的情况，可参照其他的数张照片。

太古公司的汕头物业（太古公司藏）

太古公司的仓库（太古公司藏）

太古公司仓库建筑照片（太古公司藏）

太古公司仓库近照
（太古公司藏）

　　具体到仓库的建筑，还有右图这张照片可直观再现。这样我们就弄清了1911年11月上旬，在汕头的革命军是在太古仓库附近集结后，进而北伐潮州的这一史实。

　　由于照片不清晰和相关文献的缺失，现在已无法知悉照片中人物的详细情况，也无法知悉当年太古公司对此事的态度。不过可以肯定的是，自1860年开埠后，经过半个多世纪的发展，汕头埠已成为一个寸土寸金的港口城市，城市中心地段已没有可供革命军大量集结的空地，于是临近海边的太古仓库周围地带，自然成为数千革命军集结的最佳选择。

二　喜迎解放众生相

　　1949 年 10 月 1 日，中华人民共和国中央人民政府成立，解放军以"宜将剩勇追穷寇"的气概一路向南。10 月 7 日，解放军闽粤赣边区纵队的先遣队从兴梅南下潮汕。13 日边纵队在揭西举行军事会议，部署进军揭阳、潮安、潮阳和汕头市的计划，决定兵分东西两路进军。10 月 22 日，汕头市军事管制委员会（简称"军管会"）在揭西宣告成立。军管会是当时全国各城市在军事管理时期设置的指挥机构，由部队直接最高指挥机关组织建立，并吸收地方党政负责人参加，城市实行军管后，军管会组织仍沿袭下来，领导者由主要军事首长担任，为军管时期的最高领导机关。汕头军管会由林美南任主任，李平、吴南生为副主任，委员有徐杨、黄声等。军管会下设政务、公安、财经、文教、公用事业等几个接管部，随时准备接管汕头市。

　　10 月 14 日，广州解放。17 日，厦门解放。溃退而来的胡琏兵团将其在潮汕各地的兵员向汕头方向集结，21 日，胡琏兵团分别从汕头及海门等地乘船退往台湾、金门。10 月 24 日，边纵队开始向汕头进发，当天早上，汕头第一面五星红旗在小公园亭冉冉升起，各界群众有不少人还跑到潮汕路去迎接。

汕头第一面五星红旗（陆山海摄）

电信工人在电信局门口贴出迎接解放
的宣传画（陆山海摄）

　　在汕头地下党的接应下，当天下午，边纵队司令员刘永生率领闽粤赣边纵队进入汕头。

1949 年 10 月 24 日，刘永生将军（前排左二）率领闽粤赣边纵
队进入汕头市（《刘永生将军革命事迹画集》载）

汕头马路上有不少夹道欢迎解放军的群众，人们手执彩旗，敲锣打鼓，放炮欢呼，盛况空前。

汕头各界群众上街欢迎解放军入城（陆山海摄）

汕头各界群众上街欢迎
解放军入城（陆山海摄）

10 月 25 日，汕头市军事管制委员会即开始接管工作。虽然接管单位多，情况复杂，且接管干部少，但参加接管的同志由于经过接管训练班的训练，学习过东北等地接管的经验，加上汕头地下党打下的良好基础，大家充满信心。在接管时，实行按各系统"由上而下，原封不动，边接管，边学习"的方针，分先后缓急，重点接管，平稳过渡，有序地进行接管工作。

10 月 26 日，作为汕头市军事管制委员会机关报的《团结报》发表社论：

汕头解放了，汕头人民解放了，汕头已经是人民的了，这不是换朝代，也不像辛亥革命，更不像日本投降，因为历史上的换朝代，只是这一个皇帝打倒了那一个皇帝，人民依然被他们足（踩）在脚下……中国人民是真正获得解放！

工人们，学生们，工商业家们，全体市民们！维持革命秩序，完成接管工作，肃清隐藏的反动分子，恢复和发展生产，是我们当前的紧急任务；大家应该协助军管会，人民政府，公安局，警备司令部早日完成这些任务。特别是工人们，应该起来带头，起来帮助人民。立即动手起来罢！靠我们劳动俭朴的人民，是一定能把新汕头建设起来，把独立、民主、和平、统一、富强的新中国建设起来！

在军管会的领导下，经过半个多月的紧张工作，滞留在汕的旧军队及原汕头市政府所属的 125 个单位的接管任务顺利地完成了，共计接收旧军队及汕头市旧公职人员 6 231 人，一批档案资料和房产、物资器材，还有部分银圆和外币。同时，军管会安置了大批旧职员和投诚的起义官兵，逮捕了黑帮首领和反动头子，取缔国民党和"三青团"的组织，破获特务机构，恢复通信交通，调整和建立了新的文化、教育、新闻、出版等临时机构，成立汕头市总工会筹委，维持了社会治安，恢复了生产秩序，安定了人民生活。

11 月 25 日，潮汕地委和汕头市委组织汕头市人民及各界代表，在中山公园举行了庆祝中华人民共和国成立、庆祝全潮汕解放和庆祝汕头市解放的"三庆"大会，当晚还举行了火炬游行。

汕头人民庆祝解放大会（韩志光摄）

在汕头市庆祝解放大会主席台上就座的林美南、李平、农民代表、吴南生、徐扬、黄声（自左至右）（《李平文集》载）

汕头市军管会副主任李平与副市长黄声在中山公园合影（《怀念黄声同志》载）

26 日、27 日又举行了游园晚会，汕头人民沉浸在一片欢乐之中，军民共庆翻身解放，人民当家作主人。

1950 年 3 月 25 日，汕头市第一届各界人民代表会议主席团留影（《汕头市志》载）

1950 年 3 月 25 日至 29 日，汕头市第一届各界人民代表会议在新华戏院举行，会议代表 307 名。会议中心议题是："在恢复与发展生产的方针下，讨论沟通城乡内外贸易的问题，讨论在完成潮汕进行生产备荒任务中汕头市应完成的工

作。"大会通过了三个决议和汕头市今后工作方针与任务的报告。大会还通过了
《汕头市各界人民代表会议组织条例》，并选举罗范群、李平、吴南生、谢育才、
黄声等19人为会议主席团成员。从此，军管会完成了它在汕头的使命。

1950年3月15日，汕头市人民政府成立典礼来宾干部合影（《汕头市志》载）

而在汕头市第一届各界人民代表会议召开之前，1950年1月，中央政务院会
议正式任命谢育才为汕头市人民政府首任市长；2月13日，广东省人民政府批
准将汕头划为省辖市；3月10日，政务院会议又任命黄声为汕头市副市长；3月
15日，汕头市人民政府正式成立。

1950年3月15日，汕头市人民政府成立，黄声副市长在成立大会上讲话（《怀
念黄声同志》载）

是月，军管会的秘书处、政务接管部、侨务处、公用接管部工务处分别正式改设为汕头市人民政府秘书室、民政局、华侨事务局和建设局，同时成立卫生局、劳动局、文教局等机构。至此，汕头市人民政府工作机构调整为秘书室、法院和民政、公安、建设、文教、税务、财政、侨务、卫生、劳动、工商十个局以及六个区署，顺利完成人民政权的建构，使汕头走上新的发展历程。

三　首届劳动模范会

笔者收藏有一本《汕头市首届劳动模范大会纪念刊》，该纪念刊记录的是1954 年 7 月在汕头举行的首次表彰劳动模范大会概况。该书于 1954 年底由汕头市首届劳动模范大会秘书处编，汕头印刷厂印刷。翻开这本珍贵的文献，当年的汕头市首次表彰劳动模范的场景也能清晰目睹。

1950 年 7 月 21 日，中央人民政府政务院发布了《关于召开全国战斗英雄代表会议和全国工农兵劳动模范代表会议的决定》，共评选出全国战斗英雄 350 人、全国劳动模范 464 人。9 月 25 日，大会召开，成为最早的中国劳动模范大会。大会表彰了一批劳动模范。上行下效，全国各地也参照中央的做法，对劳动模范进行表彰。

汕头市首届劳动模范大会合影（《汕头市首届劳动模范大会纪念刊》载）

汕头市自 1949 年 10 月完成军事接管工作之后，1950 年初成立人民政府。1952 年后，汕头与潮安、饶平等 21 县被划归隶属于刚成立的粤东行政公署。由于地理位置重要，汕头市的各项城市建设得到各方重视，各行各业涌现出大批先进生产者和劳动模范。为表扬先进，树立旗帜，总结和推广先进经验，深入开展增产节约劳动竞赛运动，1954 年 3 月 19 日，中共汕头市委员会和汕头市人民政府联合发布决定，将在当年 7 月 1 日召开汕头市首届劳动模范大会，并制订了评选劳模条件和办法，成立了评选委员会和办公室。至 5 月初，政府又制定了相关工作步骤，进行筹备工作。

5 月 18 日至 28 日是准备阶段，先后召开了两次全市小组长骨干以上干部大会，各级工会也向职工群众开展广泛的宣传鼓励工作，使活动广为人知。同时在各产业基层工会成立评模委员会，发动职工群众，拟订工作计划并着手做好筛选工作。

接下来是全面评选和审查阶段，从 5 月 29 日至 6 月 18 日，各单位都从检查、总结、生产入手，结合生产实际，反复评比，整理材料，基本完成了基层和产业的评选工作。6 月 19 日到 6 月 28 日是基层总结和准备大会阶段，市评委会开始根据各单位劳模事迹和初评意见进行评审，至 6 月 25 日评审完毕。在确定了劳模名单及表彰大会的会务之后，市评委会向全国总工会、省政府、中南工委及本市各机关正式发文。

此次劳模大会，共评选出 51 位劳模（其中甲等模范 4 名、乙等模范 17 名、丙等模范 30 名），先进生产工作者 130 名，还有先进小组 10 个（小组中有 3 位劳模）。此外，特约列席代表 27 人，大会主席团共 28 人，秘书长为余锡希。

汕头市工会联合会及各级产业工会向劳模报喜（《汕头市首届劳动模范大会纪念刊》载）

7 月 1 日，汕头市首届劳动模范大会在市工人文化宫正式开幕。

汕头市少年先锋队员向大会主席团献花致敬（《汕头市首届劳动模范大会纪念刊》载）

会场内景（《汕头市首届劳动模范大会纪念刊》载）

开幕式上，首先通过了大会主席团及秘书长、副秘书长名单；接着副秘书长李芳龙代表大会筹委会报告大会筹备经过；然后是汕头市副市长林川致开幕词；接下来是广东省工会代表、驻汕部队代表、汕头市郊农民协会主席、共青团汕头市委副书记、汕头妇联、潮汕民盟代表、汕头工商联代表及甲等劳模代表陈耀东等先后上台致祝词；最后是宣讲中华全国总工会秘书处、广东省政府、广东省工会、中国粤东区委员会、粤东行政公署等单位的贺电、贺函以及副市长曾定石作政治报告。7月2日至5日，分别是劳模代表和先进工作者作报告，小组讨论，并参观汕头小型技术革新展览会，汕头市委秘书长王军作大会总结报告等。7月6日召开闭幕式，向各位受奖者颁发荣誉证书，最后是汕头市委副书记李显致闭幕词。大会至此完成各项议程，顺利闭幕。

劳模代表陈耀东上台发言（《汕头市首届劳动模范大会纪念刊》载）

劳模参观汕头小型技术革新展览会（《汕头市首届劳动模范大会纪念刊》载）

小组讨论（《汕头市首届劳动模范大会纪念刊》载）

劳模上台领奖（《汕头市首届劳动模范大会纪念刊》载）

少先队员向劳模献花（《汕头市首届劳动模范大会纪念刊》载）

汕头市第七小学学生向大会表演献花舞（《汕头市首届劳动模范大会纪念刊》载）

据统计，此次大会受表彰的 181 位劳模和先进生产工作者分别来自 17 个工会（站、所）。他们当中，有 28 位来自轻工业工会、26 位来自店员工会、17 位来自建筑工会，这三大工会的代表占了全体参会者的近 40%。人数最少的是海军修船所和机器制造业工会，各只有 3 人获奖。获奖劳模中只有 8 位女性，年龄在 25 岁以下的有 33 人，其中共产党员占 13.8%，共青团员占 8.28%；技工及技术人员占 54.8%，医务人员占 1.1%，管理人员占 0.5%，一般工人占 43.6%。

随着时间的推移，当年受奖的劳模，很多名字已渐渐为人们所淡忘。如 1949 年在汕头市建立公元实验室，1952 年研制成中国第一张印相纸，1953 年参与创建中国第一家感光厂——汕头公元摄影化学厂，主持研制成中国第一张人相胶片及黑白胶卷、电影胶片、制版胶片、彩色电影正片的工程师林希之，当时就是作为乙等劳模受表彰。

汕头开展劳模评选表彰工作 60 多年来，通过对模范先进人物和劳模精神的宣传，形成"学习劳模、尊重劳模、关爱劳模、崇尚劳模、争当劳模"的风尚，"劳动光荣、知识崇高、人才宝贵、创造伟大"已成为时代的最强音。

四 "八六"海战谱壮歌

20 世纪 60 年代初期，台海局势紧张。1965 年，台湾海军在利用小型船艇进行的小股袭扰活动被连续挫败后，为鼓舞士气、扩大影响，从当年下半年开始，动用了一批大型海军战斗舰艇在海上继续袭扰行动。

1965 年 8 月 5 日，海军南海舰队接到情报：台湾海军两艘猎潜舰由台湾左营港出航。得到情报后，南海舰队指挥员立即向总参谋部上报作战方案。在得到总参批准后，汕头水警区护卫艇41大队护卫艇4艘、快艇11大队鱼雷艇6艘组成突击编队，并于8月5日晚驶往预定海区。6日1时，台湾海军"剑门""章江"两舰恃其火炮射程优势，先向护卫艇开炮，海战正式爆发。

在战斗中，611号艇3部主机被打坏，前舱进水，但仍坚持战斗。轮机兵麦贤得头部被弹片击中，失去知觉。当他苏醒后，仍顽强坚守在主机旁边。"章江"号被鱼雷击中，于3时33分沉没于东山岛东南约24.7海里处。海军突击编队第611艇自航返回基地。击沉"章江"号后，海军编队又对"剑门"号实施攻击，直至将其击沉。

参战军舰胜利归航（《汕头市志》载）

台湾海军被俘官兵被押解上岸（丘仕钊摄）

此次海战，是新中国成立后解放军海军一次重要的海上歼灭战斗，史称"八六"海战。"八六"海战生俘"剑门"舰舰长王蕴山及以下官兵共34名。此战解放军牺牲4人，负伤28人。

战斗结束后，国防部通令嘉奖参战部队，授予麦贤得"战斗英雄"荣誉称号。海军授予611号护卫艇、119号鱼雷艇"海上英雄艇"和"英雄快艇"称号。中共中央、中央军委高度评价这次海战的胜利，毛泽东、刘少奇、周恩来、邓小平等领导接见了"八六"海战部分作战有功人员，陈毅副总理亲临前线，慰问参战官兵。

此次战斗，台湾海军两艘军舰均为美国制造。其中"剑门"号原系美国"海雀"级快速扫雷舰"巨嘴鸟"号，于1965年4月驶抵台湾，标准排水量890吨，满载排水量1 250吨。"章江"号原系美国海军猎潜舰，标准排水量280吨，满载排水量450吨。

徐向前元帅授予麦贤得"战斗英雄"称号（《汕头市志》载）

贺龙元帅、叶剑英元帅看望麦贤得（《汕头市志》载）

解放军海军鱼雷艇和护卫艇无论排水量、航速和战斗能力均远远低于对手，之所以能以弱胜强，一方面是因为敌舰的主要任务是侦察，并非作战，未做好战前准备；另一方面，敌舰战斗力虽强，但毕竟加入台湾海军时间很短，官兵对各种机械的操作还未熟练，且对作战海域情况不熟悉。相比之下，解放军海军的军舰虽战斗力远逊，但官兵操作纯熟，且在熟悉的海域中作战，加上官兵以大无畏的战斗精神，最终战胜强敌，成为新中国海军军史上的经典战例。

"八六"海战使台湾海军损失两艘军舰、上百名官兵，对台湾党政军各界产生巨大震动，其作战方针便逐步由反攻转变为"防卫台澎金马"。此次海战在世界范围内更引起了巨大反响，8月7日，美联社即发出海战报道，日本、英国等国报纸都迅速报道了此次海战的消息及相应评论，认为中国海军正在逐步取得近海的制海权和制空权。在中国大陆方面，海战不仅取得了战果，而且还让官兵消除了和平时期产生的麻痹放松情绪，加强了战备意识，在战斗中涌现出来的战斗英雄麦贤得更是成为当时潮汕地区老少皆知的人物。

"劫后余波兄弟在，相逢一笑泯恩仇"。现在，大陆与台湾地区之间经贸、文化、人员交流往来日趋紧密，中国人民维护台海和平、推动两岸关系发展、实现和平统一的事业日益赢得国际社会的理解和支持。回首半世纪前的烽烟往事，更应该珍惜今天来之不易的和平生活。

汕头影踪大事简记

1870 年左右
英国摄影师约翰·汤姆逊拍摄了汕头较早一张照片。

19 世纪 90 年代
太古公司拍摄了第一批汕头埠照片。

1902 年
日本人彦阪贞美在汕头开办照相馆。

1903 年 2 月
汕头殷商陈雨亭为汕头福音医院捐资六千银洋，用于医院新建筑费用，落成当日，陈雨亭与医院人员合照。

1908 年
天主教会若瑟堂落成，法国天主教传教士 A. Douspis 拍摄成照片，并印制发行。

20 世纪 20 年代初
汕头美璋照相拍摄了一批汕头埠照片。

1911 年 11 月上旬
汕头革命军在太古仓库附近集结，北伐潮州，北伐前曾摄影纪念。

1922 年 8 月
"八二"风灾之后，汕头受严重损失。汕头存心善堂拍摄了一批照片，作为当时惨状的真实记录。

1928 年 8 月 28 日

汕头中山公园开幕，拍摄了汕头中山公园开幕纪念游园大会全图风景、中山公园开幕纪念游园大会开幕典礼等照片。

1929 年

汕头诚敬善堂从国外购置先进消防车，社会各界人士在消防车抵汕时，由汕头一似摄影拍摄观车照片。

1931 年 10 月 10 日

汕头市政府内的中山纪念碑建成并摄影，该碑于 20 世纪 40 年代中后期被平整。

1935 年

《潮梅现象》上刊登的《汕头市区之鸟瞰图》《崎碌东区绥靖公署之全景》，是目前见到的最早航拍潮汕的图片。

1939 年 6 月

侵华日军在进攻汕头前，航拍一组汕头埠照片。

汕头沦陷当日，侵华日军随军记者又拍摄了一组照片，记录日军侵略潮汕的过程。

1949 年 6 月

林希之在汕头市建立"公元"实验室，试制成功了中国第一张相纸。

1949 年 10 月 24 日

解放军边纵部队开始向汕头进发，当天早上，汕头第一面五星红旗在小公园亭升起，马路上有不少夹道欢迎的群众，这些成为汕头解放后的第一批拍摄素材，陆山海、韩志光等摄影家先后拍下了这段时间的多个场景。

1953 年 4 月 1 日

林希之等创建中国第一家感光厂——汕头公元摄影化学厂，此后该厂研制出中国第一张人相胶片等一大批产品。

1954 年 7 月 1 日

汕头市首届劳动模范大会在汕头市工人文化宫召开，会议盛况摄影作品收录成《汕头市首届劳动模范大会纪念刊》出版。

1958 年

建成不久的人民广场，成为汕头新的风景，有了不少专门的摄影作品。

1977 年

洪浩航拍了一组潮汕风情照片，赴泰国展出，在泰华社会中引起很大反响。

1978 年

中山公园复办大型群众性菊花展览，使公园再次成为摄影者的焦点。

1982 年元宵节

期间，著名画家刘海粟，以及来自广东、广西、江西、江苏、山东、陕西、辽宁和上海八省市的谢海燕、张望、黄独峰等十七位潮籍著名画家，还有回汕探亲的泰国、中国香港著名画家林耀、庄礼文、赵世光等应邀参加了汕头元宵画会，并出版特刊，成为潮汕文化史的大事。

参考文献

［1］覃万开：《汕头市第二人民医院院志》，汕头：汕头市第二人民医院，1986 年。

［2］钟海雄、陈统辉：《汕头海洋渔业公司志》，《汕头海洋渔业公司志》编写组，1987 年。

［3］《汕头海关志》编纂领导小组：《汕头海关志》，汕头：汕头海关编志办公室，1988 年。

［4］《汕头教育志》编审委员会：《汕头教育志》，汕头：汕头市教育局，1988 年。

［5］《汕头市城乡建设志》编纂委员会：《汕头市城乡建设志》，汕头市建设委员会，1988 年。

［6］《汕头邮电志》编志领导小组：《汕头邮电志》，汕头：汕头市邮电局，1989 年。

［7］汕头市民主建国会、工商联工商史料工作委员会：《汕头市工商业联合会志》，1989 年。

［8］《汕头市建筑业志》编纂委员会：《汕头市建筑业志》，汕头：汕头市建设委员会，1989 年。

［9］《汕头市建筑安装工程总公司专志》编写领导小组：《汕头市建筑安装工程总公司专志》，汕头：汕头市建筑安装工程总公司，1989 年。

［10］汕头画院院刊编辑委员会：《汕头画院建院十周年纪念特刊》，汕头画院，1990 年。

［11］《汕头华侨志》编写组：《汕头华侨志》（初稿），1990 年。

［12］黄伟鸿：《汕头城乡建设志》，汕头：汕头市建设委员会，1990 年。

［13］黄国梁：《汕头水产志》，汕头：汕头市水产局，1991 年。

［14］郑可华：《汕头地方交通志》，汕头：汕头市交通局，1991 年。

［15］黄少雄：《汕头商业志》，汕头：《汕头商业志》编写办公室，1991 年。

［16］《汕头市旅游志》编写领导小组：《汕头市旅游志》，汕头：汕头市旅游局，1992 年。

［17］《潮汕百科全书》编辑委员会：《潮汕百科全书》，北京：中国大百科全书出版社 1994 年版。

［18］汕头市地名委员会：《汕头市地名志》，北京：新华出版社 1995 年版。

［19］《汕头市民政志》编纂工作领导小组：《汕头民政志》，汕头：汕头市民政局，1996 年。

［20］杨淼生：《汕头邮电志（1987—1997）》，汕头：汕头市邮电局，1998 年。

［21］《汕头交通志》编纂领导小组：《汕头交通志》，汕头：汕头市交通委员会，1998 年。

［22］李福光：《汕头市文化艺术志》，汕头：汕头市文化局，1999 年。

［23］陈景熙：《潮汕工商业史话》，香港：艺苑出版社 2001 年版。

［24］方烈文：《汕头城市山水》，香港：天马图书有限公司 2003 年版。

［25］汕头大学图书馆：《日军侵略潮汕写真》，汕头：汕头大学出版社 2007 年版。

［26］陈映裕：《源远流长——纪念汕头市自来水总公司百年华诞》，汕头：汕头市自来水总公司，2007 年。

［27］王瑞忠：《鮀城旧影》，汕头：汕头市城市建设档案馆，2009 年。

［28］张汉清：《汕头交通志》，汕头：汕头市交通局，2009 年。

［29］陈汉初、陈杨平：《汕头埠图说》，北京：中国文史出版社 2009 年版。

［30］姚英杰：《汕头市非物质文化遗产大观（第 1 卷）》，汕头：汕头大学出版社 2010 年版。

［31］汕头市港口管理局：《汕头港引航史》，北京：人民交通出版社 2010 年版。

［32］汕头市港口管理局：《汕头港口志》，北京：人民交通出版社 2010 年版。

［33］汕头市港口管理局：《汕头开港 150 年图像编年史》，北京：人民交通出版社 2010 年版。

［34］［新加坡］陈传忠：《汕头旧影》，新加坡：新加坡潮州八邑会馆 2011 年版。

［35］沈玮：《滨海小城絮语》，香港：天马图书有限公司 2011 年版。

［36］林明忠：《岭海名胜——汕头中山公园》，汕头：汕头中山公园管理处，2011 年。

［37］周修东：《潮海关史事丛考》，北京：中国海关出版社 2013 年版。

［38］彭庆涛：《特艺之光——中国工艺美术大师吴松龄》，济南：泰山出版社 2013 年版。

［39］陈景熙、陈嘉顺：《潮汕民间艺术——工艺卷》，汕头：汕头大学出版社 2013 年版。

［40］《汕头市政公报（第 26、27、28、32、33、35、36、40、42、51辑）》，汕头：汕头市政厅，1927—1929 年。

［41］《汕头文史（第 1—22 辑）》，汕头：汕头市政协文史委。

［42］［日］蒲丰彦：《从日本档案看晚清民初潮汕社会——以供水问题为主》，未刊。

［43］萧冠英：《六十年来之岭东纪略》，广州：培英图书印务公司 1925年版。

［44］陈达：《南洋华侨与闽粤社会》，上海：商务印书馆 1938 年版。

［45］马育航：《汕头近况一班》，出版机构不详，1921 年。

［46］黄开山：《新汕头》，汕头：汕头市政厅，1928 年。

［47］张怀真：《潮梅现象》，出版机构不详，1935 年。

［48］曾景辉：《最新汕头一览》，出版机构不详，1947 年。

［49］王瑞忠：《鮀城旧影》，汕头：汕头市城建局，2012 年。

［50］［英］约翰·汤姆逊著，徐家宁译：《中国与中国人影像——约翰·汤姆逊记录的晚清帝国》，桂林：广西师范大学出版社 2012 年版。

后　记

　　对于汕头埠历史的最初认识，首先是来自我内外两位祖父的回忆。他们在汕头生活数十年，是汕头城市变迁的见证者；他们对往事的讲述，成为我从事汕头埠研究的第一手材料。在我还未上小学之前，家里就为我订阅《看图说话》，买来连环画供我消遣童年时光，这些书籍至今都是我的珍藏，也成为这本书以图讲故事的最好借鉴。

　　发生的是"过去"，留下来的是"历史"，而"历史"需要不断采集、挖掘与对比研究，才能有更多更真实的故事让世人知晓，汕头埠城市的历史同样如此。1860年汕头开埠之后，美、英、法、德等国陆续在汕设立领事馆，开辟市场，四方商人蜂拥而至，汕头湾上货轮云集，进出口货物日夜穿梭运输。经过半个世纪的发展，汕头埠各行各业的主导者尽显神通，适应了不同的业务需要，共同推动了本地发展，使汕头成为粤东至闽西南一带最重要的港口城市。此后，汕头市政建设的突飞猛进，交通工具的日新月异，更缩短了货物运输的周期，拉近了人与人之间的距离，也加快了社会的开化和风俗的转移。20世纪30年代，"四永一升平""四安一镇邦"的扇形城市格局真正呈现于世人面前。今天，怀旧和追溯当年汕头埠风物正逐步成为时尚。历史图影能传递丰沛的历史生活情景，《汕头影踪》从搜集文献到出版历时十年，笔者寻找线索、翻阅档案、田野调查、请教专家，把这些看似支离破碎、关联不大的老照片，分门别类，加以解读，汇辑成书付梓，为汕头城市历史发展的进程提供了更多、更好、更真实的实录和佐证。

　　《汕头影踪》贮存着汕头埠一条条马路、一幢幢建筑、一组组群体、一个个人物、一种种表情……可谓人文气息浓厚、生活细节真切。笔者希望通过以图文并茂的方式讲述相关的故事，能让读者在阅读中了解这座城市的历史，体会汕头开埠百余年来的整体变迁，领略她的风情与旧貌。

　　在本书完成之际，回头检视文稿，虽无甚高见，却自认是始终以虔诚之心写出的笃实之作，然囿于学力与眼界，其中错漏，尚祈读者诸君批评指正，幸甚！

钝轩陈嘉顺

乙未白露于汕头崎碌

鸣　谢

（以姓氏拼音为序）

蔡成华　先生
蔡木通　先生
陈　郴　先生
陈　灼　先生
陈传忠　先生
陈汉初　先生
陈荆淮　先生
陈景熙　教授
陈平原　教授
陈业建　先生
杜　冰　女士
洪　浩　先生
李凌翰　教授
林　瀚　先生
林剑铭　记者
林志达　先生
罗孔仁　先生
倪继农　先生
秦梓高　先生
王欣莉　记者
谢　铿　教授
许立耿　先生
姚国荣　先生
鄞镇凯　先生
曾旭波　先生
张泰生　先生
郑鸿奇　先生
钟展南　先生
周修东　先生